TABLE DES TITRES

Contenus dans cette Instruction.

TITRE I. *DU commandement dans les places & dans les quartiers.* . . . . page 1

TITRE II. *Du partage du service entre les Officiers de l'État-major des places ou quartiers.* . . . 9

TITRE III. *De la Police des places & des quartiers.* 11

TITRE IV. *De l'arrivée des Troupes dans les places.* 18

TITRE V. *Des Bans qui doivent être battus à la tête des Troupes.* 22

TITRE VI. *Du Logement.* 23

TITRE VII. *De l'ordre à observer pour commander les Gardes & Détachemens.* 46

TITRE VIII. *De la Garde, des Sentinelles & des Gardes aux portes.* 51

TITRE IX. *De l'Ordre & du Mot.* 99

TITRE X. *De la Retraite & des Patrouilles.* . . . 107

TITRE XI. *Des Rondes.* 110

TITRE XII. *De l'assemblée des Troupes, & des Revues des Commissaires des guerres.* 118

TITRE XIII. *De la discipline des Troupes dans les places ou quartiers.* 119

TITRE XIV. *Du Prêt & des Distributions.* 144

TITRE XV. *Du service des Officiers principaux des Troupes dans les places.* 151

TITRE XVI. *Des Détachemens de guerre & Partis.* 153

TITRE XVII. *Du départ des Troupes d'une place.* . . 155

TITRE XVIII. *Des Milices bourgeoises.* 160
TITRE XIX. *Des Troupes de passage.* 161
TITRE XX. *Des Conseils de guerre & Exécutions.* 162
TITRE XXI. *Des Prisons militaires.* 171
TITRE XXII. *Des Honneurs militaires qui seront rendus dans les places.* 177
TITRE XXIII. *Des Honneurs funèbres.* 187
TITRE XXIV. *Des Scellés & Inventaires des Officiers des États-majors & autres.* 191
TITRE XXV. *Des Citadelles, Forts & Châteaux.* . . 193
TITRE XXVI. *De la conservation des fortifications & bâtimens civils à l'usage des Troupes dans les places.* 196
TIT. XXVII. *Des Émolumens des États-majors des places.* 198
TIT. XXVIII. *De l'exécution de la présente Instruction.* 200

INSTRUCTION

INSTRUCTION

QUE

LE ROI A FAIT EXPÉDIER

POUR

RÉGLER PROVISOIREMENT

LE

SERVICE DANS LES PLACES.

Du 1.er Mai 1765.

A PARIS,

DE L'IMPRIMERIE ROYALE.

M. DCCLXV.

INSTRUCTION

Que le Roi a fait expédier pour régler provisoirement le service dans les Places.

Du 1.er Avril 1765.

DE PAR LE ROI.

SA MAJESTÉ voulant régler provisoirement le service de ses Troupes dans les Places, relativement à la nouvelle composition qu'Elle leur a donnée, Elle entend que la présente Instruction soit exactement suivie, jusqu'à ce qu'Elle en ait ordonné définitivement.

TITRE I.er

Du commandement dans les Places & dans les Quartiers.

ARTICLE PREMIER.

Des Gouverneurs & Lieutenans généraux des provinces.

LES Gouverneurs & Lieutenans généraux des provinces, lorsque le Roi leur permettra d'exercer leur charge, y auront la même autorité, chacun dans leur département, que si Elle leur avoit fait expédier un ordre ou commission expresse pour y commander.

2.

Pouvoirs des Gouverneurs & Lieutenans généraux.

LESDITS Gouverneurs & Lieutenans généraux des provinces, veilleront à en contenir les habitans dans l'obéissance qu'ils doivent à Sa Majesté, & à les faire vivre entre eux en bonne union.

Ils contiendront pareillement les gens de guerre en bon ordre & discipline; commanderont aux Troupes qui passeront ou séjourneront dans l'étendue de leur commandement, & ordonneront ce qui conviendra pour le logement & autres fournitures qui devront leur être faites.

Ils en visiteront les places, pour tenir la main à leur garde & conservation.

Ils assembleront les Troupes en cas de besoin, & non autrement; les garnisons établies par le Roi ne devant être changées qu'en conséquence de ses ordres, & dans les cas de nécessité qu'en lui en rendant compte sur le champ.

Ils jouiront au surplus de toute l'étendue des pouvoirs qui leur seront donnés dans les provisions, commissions ou ordres que Sa Majesté leur aura fait expédier.

3.

Commandans en chef des provinces ou départemens.

LES Officiers généraux auxquels le Roi fera expédier des commissions ou ordres pour commander dans une province ou un département, y auront la même autorité que celle qui est attribuée ci-dessus aux Gouverneurs & Lieutenans généraux des provinces, tant sur les habitans que sur les gens de guerre.

4.

Officiers généraux employés sous eux.

CEUX des Officiers généraux qui seront employés dans les provinces par lettres de service, auront la même autorité sur les habitans dans les places dont ils auront le commandement, que les Gouverneurs ou

Lieutenans de Roi desdites places; & les Gouverneurs ou les Commandans des places qui se trouveront dans l'étendue de leur commandement, seront tenus, sous peine de désobéissance, de se conformer à ce que lesdits Officiers généraux leur prescriront concernant le service que les Troupes qui seront dans les places y devront faire, & de leur en rendre compte: Mais lesdits Officiers généraux ne pourront ôter le détail du service aux Gouverneurs ou Commandans, sans des raisons les plus fortes, dont ils seront tenus d'informer sur le champ le Secrétaire d'État ayant le département de la guerre; lesdits Gouverneurs ou Commandans devant conserver le commandement dans lesdites places subordonnément auxdits Officiers généraux.

5.

Le Commandement appartiendra au plus ancien en grade.

S'IL se trouvoit dans le même district ou dans la même place plusieurs Officiers généraux ou Brigadiers employés, le commandement appartiendra à l'Officier général supérieur ou plus ancien en grade, de manière cependant que si un Brigadier doit avoir le commandement, celui d'Infanterie françoise ait la préférence sur celui de Cavalerie ou de Dragons, & le Commandant de ladite place ne rendra compte qu'à l'Officier général ou au Brigadier qui aura le commandement.

6.

LORSQUE les Généraux d'armées ayant en même temps pouvoir de commander sur la frontière, enverront un des Officiers généraux employés sous leurs ordres, dans une place de cette frontière qui seroit menacée de siége, avec un ordre par écrit pour y commander, ledit Officier général commandera dans ladite place comme s'il avoit un ordre de Sa Majesté à cet effet, & que le Gouverneur ou Lieutenant de Roi de ladite place soit tenu de se conformer à ses ordres, à peine de désobéissance.

7.

Inspecteurs.

LES Inspecteurs généraux d'Infanterie, de Cavalerie

& de Dragons étant dans les places, avec un ordre pour faire l'inspection des Troupes de la garnison, y jouiront, pendant le temps que durera leur inspection, des honneurs attachés à leur grade, quoiqu'ils n'aient point de lettres de service, & donneront le mot s'ils s'y trouvent les premiers ou les plus anciens en grade, à la réserve cependant du cas où ils se trouveroient dans une même place avec un Commandant en chef d'une province, lesdits Inspecteurs ne pourront prétendre aucun commandement dans les places ni sur les Troupes; & lorsqu'ils voudront faire prendre les armes aux Troupes pour en faire la revue, ils seront tenus d'en avertir le Commandant supérieur de la place, qui ne pourra s'y opposer sans des raisons dont il rendra compte sur le champ au Secrétaire d'État ayant le département de la guerre, & au Commandant en chef de la province ou du département.

8.

LES Gouverneurs des places y commanderont sous l'autorité des Gouverneurs & Lieutenans généraux, ou du Commandant de la province ou du département.

Ils ordonneront aux troupes & aux habitans du gouvernement, même à ceux des villes & villages en dépendans, & aux gens de guerre qui y seront, ce qu'ils devront faire pour le service du Roi; & ils tiendront la main à la tranquillité parmi les habitans, à la discipline des troupes, à l'exactitude dans le service, à la subordination, aux exercices, & à la tenue de l'habillement & de l'armement, en se conformant néanmoins à ce qui leur est prescrit par l'article 4.

9.

Commandans particuliers des places.

LES Commandans particuliers que le Roi jugera à propos d'établir dans les places, n'y reconnoîtront que l'autorité du Commandant en chef de la province ou du département, en se conformant de même à ce qui est prescrit par l'article 4.

10.

LES Officiers généraux, & en leur absence, les Gouverneurs ou Commandans des places ou quartiers, ne pourront entreprendre sur les droits de la justice ordinaire, ni même s'entremettre dans les matières contentieuses; devant se contenter de prêter main-forte aux Juges des lieux pour l'exécution de leurs jugemens, quand ils en seront par eux requis, & de présider aux Conseils de guerre qui seront tenus chez eux, pour connoître de tous les crimes commis entre les gens de guerre, auxquels les habitans ne seront point intéressés, à la reserve des cas de trahison ou autres qui pourroient regarder la sûreté de la place ou du commandement.

N'entreprendront sur les droits de la Justice, lui prêteront main-forte, & présideront aux Conseils de guerre.

11.

LES Officiers généraux employés, & à leur défaut, les Commandans des places, règleront provisoirement les difficultés qui s'élèveront entre les Officiers de l'État-major des places, & ceux des Troupes de la garnison, en attendant, que sur le compte qu'ils en rendront au Commandant en chef de la province ou du département, ils se soient procurés une décision supérieure; ils en informeront aussi le Secrétaire d'État ayant le département de la guerre, lorsque le cas le requerra.

Règleront provisoirement les contestations.

12.

LORSQU'UNE place sera assiégée, le Commandant supérieur de ladite place ordonnera & disposera comme il le jugera à propos, des Troupes, pour la conservation & la défense de la place.

En cas de siége.

Il chargera les Officiers qu'il croira les plus capables, des détails relatifs à la défense & au bon ordre de la place, de même qu'à la garde des ouvrages & des postes, il les en tirera pour les placer ailleurs, quand & selon que le bien du service lui paroîtra l'exiger, tant dans l'intérieur qu'à l'extérieur de ladite place.

13.

Lieutenans de Roi.

EN l'absence des Gouverneurs des places, les Lieutenans de Roi y auront la même autorité qu'eux, à moins que Sa Majesté n'y eût établi un Commandant; auquel cas, ainsi qu'en présence du Gouverneur, lesdits Lieutenans de Roi seront seulement chargés du détail du service de leur place, sous l'autorité desdits Gouverneur ou Commandant.

14.

Majors des places.

LES Majors des places y commanderont au défaut & en l'absence des Gouverneurs & Lieutenans de Roi ou autre Commandant.

15.

Commandant au défaut des Officiers-majors.

LORSQU'IL ne se trouvera pas dans une place de guerre, d'Officier pourvu d'un pouvoir de Sa Majesté pour y commander, le commandement appartiendra à l'Officier des Troupes françoises de la garnison, soit de Gendarmerie, de Cavalerie, d'Infanterie ou de Dragons, qui aura le grade supérieur; & à grade égal à l'Officier d'Infanterie du plus ancien régiment françois, quand même il se trouveroit seul avec sa compagnie; & ce, par préférence à tous les Officiers des régimens de nation étrangère, même d'un grade supérieur à celui de l'Officier françois, & en attendant qu'il ait été établi un Commandant, par Sa Majesté, ou par les Généraux de ses armées.

16.

Officiers généraux non employés.

LES Officiers généraux & Brigadiers qui n'auront point de lettres de service, n'auront aucun rang, ni commandement à prétendre en cette qualité.

17.

Colonels, Lieutenans-colonels, Majors & Capitaines réformés,

IL en sera de même des Officiers qui auront obtenu des commissions de Colonel, de Mestre-de-camp, de Lieutenant-colonel, de Major & de Capitaine, lesquels ne pourront faire de service dans les places que suivant le grade des emplois dont ils seront revêtus actuellement dans les Troupes, ni prétendre d'autre rang pour y commander.

ou simplement par commission, sans charge.

18.

QUANT à tous ceux qui n'auront que des commissions de Colonel, Mestre-de-camp, Lieutenant-colonel, Major, Capitaine, Lieutenant ou Sous-lieutenant, sans être attachés actuellement à aucune Troupe, & à tous les Officiers réformés à la suite des places, ils ne pourront faire aucun service dans lesdites places, ni prétendre aucun rang pour y commander.

19.

Aides-majors des places.

LES Aides-majors des places, auxquels Sa Majesté n'aura pas fait expédier d'ordre pour commander en l'absence du Major ou autres Officiers supérieurs, n'y commanderont qu'après tous les Capitaines françois, & avant tous les Lieutenans.

20.

Capitaines des portes.

TOUS les Capitaines des portes, seront à l'avenir, connus sous la dénomination de Sous-aides-major des places; ils continueront d'ouvrir & fermer les portes aux heures prescrites, & aideront les Aides-major des places, dans la partie de leurs fonctions, dont les Commandans des places jugeront à propos de les charger, & ils commanderont après tous les Lieutenans & avant tous les Sous-lieutenans.

21.

Ordre établi ne se changera que par l'ordre des Officiers généraux.

L'ORDRE établi pour le service des places, ne pourra être changé, ni par les Officiers généraux, dans le district desquels ces places seront comprises, ni par le Gouverneur, Lieutenant de Roi ou autre Commandant particulier, le Major de la place ou tout autre Commandant inférieur; mais les Commandans des provinces, dans des cas urgens & de nécessité, auront l'autorité d'y faire les changemens que les circonstances exigeront; bien entendu qu'ils en rendront compte, sur le champ, au Secrétaire d'État ayant le département de la guerre, pour prendre les ordres du Roi ; & en attendant, les Officiers généraux employés, les Gouverneurs & Commandans des places, seront tenus de se conformer aux changemens ordonnés par lesdits Commandans en chef.

22.

Subordination.

TOUS Chefs particuliers & Officiers des Troupes de Sa Majesté, de quelque grade & caractère qu'ils puissent être, & ceux étant sous leur charge ; comme aussi les Officiers d'artillerie, les Ingénieurs, & généralement tous autres Officiers militaires, reconnoîtront les Officiers généraux, dans le district desquels ils se trouveront, & les Gouverneurs, Lieutenans de Roi, Commandans & autres Officiers de l'État-major des places où ils seront, soit en garnison, soit en y passant avec leurs Troupes ; & seront tenus de leur obéir sans difficulté, en tout ce qui concernera leurs fonctions, telles qu'elles sont ci-dessus détaillées.

23.

A qui le commandement appartiendra, au défaut d'Officiers-majors des places.

LES Commandans des troupes d'Infanterie, de Gendarmerie, de Cavalerie ou de Dragons, étant en garnison dans les places, ne pourront les assembler, leur faire prendre les armes, ni les faire monter à cheval, en tout ou en partie, sans la permission du Commandant supérieur de la place.

24.

LORSQUE les troupes de Cavalerie, de Dragons, de Hussards & de Troupes-légères, se trouveront en quartier dans quelque ville ou autre lieu où il n'y aura point d'État-major de place, l'Officier supérieur en grade de toutes lesdites Troupes, qui sera dans le même quartier, y remplira les mêmes fonctions de Commandant de la place ; le plus ancien Major y remplira celle de Major de la place, & les deux premiers Aides-major, celles d'Aides-major de la place ; sans que cependant ces Officiers

Officiers puissent prétendre, ni s'arroger, sous tel prétexte que ce soit, aucuns droits, prérogatives ni autorité quelconques sur les habitans.

25.

S'IL se trouve, en même temps, de l'Infanterie dans le même quartier, sans qu'il y ait d'État-major de place, le commandement appartiendra à l'Officier supérieur en grade de l'Infanterie ou de la Cavalerie; & à grade égal, à celui de l'Infanterie; mais les fonctions de Majors ou d'Aides-majors de la place y seront toujours remplies par des Officiers d'Infanterie.

TITRE II.

Du partage du Service entre les Officiers de l'État-major des Places ou Quartiers.

ARTICLE PREMIER.

Ne se dispenseront chacun de leur service.

L'INTENTION de Sa Majesté étant que les Officiers-majors des places ou des quartiers, tiennent la main à l'exécution de la présente instruction avec la plus grande exactitude, Elle entend qu'ils ne fassent entr'eux aucun arrangement qui ne doive tendre à apporter plus de célérité & de précision dans son exécution; & pour cet effet, Elle veut que dans les places où il n'y aura qu'un Officier de chaque grade, un d'eux ne puisse jamais être chargé par mois ni par semaine des fonctions auxquelles ils doivent tous également contribuer, chacun pour ce qui le concerne.

2.

A L'ÉGARD des places plus considérables où il y aura plusieurs Aides-major & Sous-aides-major, le Commandant leur partagera le soin de l'ouverture & de la fermeture des portes le plus également qu'il sera possible.

3.

Il pourra partager pareillement entre les Aides-major & les Sous-aides-major les différens quartiers de la ville, à la tranquillité & au bon ordre desquels chacun devra veiller, de même qu'à la régularité des gardes qui s'y trouveront.

Le Commandant du quartier où il n'y aura que de la Cavalerie, partagera aussi entre les deux Aides-major les différens quartiers de la ville ou autre lieu, pour remplir chacun dans leurs quartiers les mêmes fonctions.

4.

Un des Aides-major sera alternativement de semaine pour remplacer le Major dans toutes les fonctions auxquelles celui-ci ne pourra vaquer, ce qui ne dispensera pas cet Aide-major du soin de la police du quartier qui lui aura été affecté.

5.

Reddition de compte.

Lesdits Aides-major & Sous-aides-major se trouveront tous les matins chez le Major de la place ou du quartier, pour l'informer de ce qui se sera passé pendant la nuit dans leur quartier, ou le matin à l'ouverture des portes, & pour recevoir ses ordres sur ce qu'ils auront à faire.

6.

Le Major se rendra ensuite chez le Commandant de la place ou du quartier, & lui rendra les mêmes comptes & en même temps celui des rondes & des patrouilles qui auront été faites pendant la nuit.

7.

Le Commandant de la place ou du quartier, se rendra chez l'Officier général dans le département duquel sera comprise ladite place ou quartier, pour lui rendre les mêmes comptes & recevoir ses ordres, s'il réside dans la place ou dans le quartier; & s'il n'y réside pas, le Commandant de la place ou du quartier lui rendra compte par écrit le dernier jour de chaque mois de tout ce qui se sera passé dans la place ou dans le quartier pendant le mois, concernant le service, la discipline, la tranquillité, les exercices des Troupes qui y seront en garnison & la sûreté de la place : bien entendu cependant qu'il l'informera sur le champ des évènemens extraordinaires qui l'exigeront.

8.

LE Major ou un Aide-major de la place ou du quartier, fera tous les huit jours une visite de l'hôpital de la place ou du quartier, s'il y en a un dans le quartier, pour y examiner la qualité des alimens, si les malades sont tenus proprement, & s'ils ne se plaignent de rien; il en rendra compte ensuite au Commandant de la place ou du quartier.

9.

LE Gouverneur, Lieutenant de Roi ou autre Commandant de la place, & le Commandant du quartier, feront aussi la visite de l'hôpital une fois par mois & même plus souvent, s'ils le croient nécessaire.

TITRE III.

De la police des Places & des Quartiers.

ARTICLE PREMIER.

AUCUNE Troupe ne pourra avoir de Vivandiers à sa suite dans les garnisons, à l'exception du régiment des Gardes-françoises, de celui des Gardes-suisses, & des régimens Suisses & Grisons. *Vivandiers.*

2.

QUI que ce soit, n'ira ni enverra au-devant des paysans & autres personnes qui apporteront des vivres dans la place, soit pour les prendre, en les taxant arbitrairement ou pour les choisir, ne pouvant les acheter *Défenses d'aller au devant des vivres.*

qu'ils ne soient arrivés sur le marché; & lorsqu'ils y seront arrivés, & que le marché sera ouvert, l'intention de Sa Majesté est, que ses Troupes & les habitans, sans aucune préférence, aient la liberté d'acheter en même temps ce qui leur conviendra.

3.

LES domestiques des Officiers, quelques grades qu'aient leurs maîtres, qui iront hors des portes, au-devant des personnes qui apporteront des vivres dans les places pour les acheter, même de gré à gré, pourront être arrêtés par les préposés à la police, & perdront ce qu'ils auront acheté, qui sera revendu au profit de l'hôpital bourgeois.

Les Soldats, Cavaliers & Dragons, qui acheteront pareillement hors des portes, de gré à gré ou par violence, & qui en seront convaincus par lesdits préposés à la police, seront punis, ainsi qu'il est prescrit dans l'Ordonnance des crimes & délits militaires.

4.

CEUX qui voleront ou prendront de force aucune denrée ou marchandise dans les marchés ou les boutiques, seront remis à la justice ordinaire des lieux, pour être punis suivant la rigueur des Ordonnances.

5.

Taux des vivres.

ENTEND Sa Majesté que les Intendans des provinces, prennent autant qu'il sera possible, les précautions nécessaires pour que le prix des denrées & des fourrages n'augmentent pas dans les villes & places de leur généralité lorsqu'il y arrivera des Troupes; & Elle les charge d'y tenir la main avec la plus grande exactitude, afin qu'il ne lui revienne aucune plainte à cet égard.

6.

Crédits aux troupes.

LES bourgeois & autres habitans, marchands, cafetiers ou cabaretiers qui feront crédit aux Officiers, bas Officiers, & aux Soldats, Cavaliers & Dragons, sans un billet

billet du Major du régiment, perdront leur dû; indépendamment de quoi, il sera mis une sentinelle devant leurs portes ou boutiques, afin d'en empêcher l'entrée aux Officiers, bas Officiers, Soldats, Cavaliers & Dragons, pendant autant de jours que l'Officier général ou Commandant de la place jugera à propos.

Il en sera usé de même pour les Cabaretiers qui donneront à boire aux Soldats, Cavaliers & Dragons après la retraite.

Le Commandant supérieur de la place, le Commandant & le Major de chaque régiment, tiendront la main à ce que les Aubergistes soient payés tous les mois sur le pied qui sera réglé ci-après; & les sommes dont ils auront fait crédit au-delà des prix fixés, seront perdues pour eux.

7.

Étrangers.

Les Consignes des portes, & à leur défaut les Commandans des gardes des portes, tiendront un registre de tous les étrangers qui entreront dans la place.

8.

Tous Cabaretiers & autres habitans des places, de quelque qualité & condition qu'ils soient, seront tenus de remettre chaque jour au Commandant de la place un état des étrangers qui seront arrivés chez eux, sur lequel ils marqueront le temps qu'ils devront rester, au cas qu'ils y séjournent.

9.

Il y aura à la porte du Commandant, près de la sentinelle, une boîte en forme de tronc, fermant à clef, dans laquelle les consignes des portes apporteront tous les soirs, aussitôt que les portes auront été fermées, l'état des étrangers qui seront entrés pendant le jour, & sur cet état seront marqués les noms des bourgeois & aubergistes chez lesquels lesdits étrangers auront déclaré vouloir loger.

10.

Cette boîte sera retirée une heure après la fermeture des portes, & sera ouverte par un Officier-major de la place ou du quartier, qui vérifiera les listes des consignes & les déclarations des particuliers, & en dressera un état qu'il remettra au Commandant supérieur de la place.

11.

Jeux défendus.

Les Officiers généraux & les Commandans des places auront la plus grande attention d'empêcher les Troupes qui seront sous leurs ordres, de jouer à aucun jeu de hasard, & ils s'en prendront directement aux Commandans des corps, si cela arrive.

12.

Sa Majesté recommande aux Officiers généraux & Commandans des places, d'y tenir la main avec la plus grande rigueur; & Elle enjoint expressément aux Commissaires des guerres, & à leur défaut aux Officiers municipaux des villes, de rendre compte sur le champ au Secrétaire d'État ayant le département de la guerre, de ceux de tout grade qui pourroient contrevenir aux volontés expresses de Sa Majesté à cet égard, son intention étant de les faire punir avec la plus grande sévérité.

13.

Tout Officier pris sur le fait à cet égard, de quelque grade qu'il soit, sera mis la première fois en prison pour trois mois, pendant lesquels il sera privé de ses appointemens en faveur de la Masse de l'entretien particulier du Soldat, Cavalier ou Dragon de son régiment, & il en sera rendu compte au Secrétaire d'État ayant le département de la guerre, & au Commandant en chef du département ou de la province.

14.

En cas de récidive de la part de cet Officier, il sera mis en prison pour six mois, & privé de ses appointemens, & enfin la troisième fois Sa Majesté donnera ses ordres pour le faire casser & mettre en prison pour deux ans dans quelque citadelle, fort ou château.

15.

LES Commandans des places s'informeront des bourgeois & autres habitans qui pourroient donner à jouer dans leur maison à des jeux défendus; ils les feront arrêter & remettre aux Juges des lieux, pour les punir suivant l'exigence des cas: lesdits Commandans rendront compte ensuite au Secrétaire d'État ayant le département de la guerre, du châtiment qui en aura été fait, & lui adresseront un certificat du Receveur de l'hôpital auquel aura été payée l'amende à laquelle lesdits habitans auront dû être condamnés.

16.

Désordre des Bourgeois.

LES bourgeois & autres qui seront trouvés dans les rues après la retraite des bourgeois sonnée, faisant du désordre, seront conduits au corps-de-garde de la place d'armes, où ils resteront jusqu'au lendemain matin, qu'il en sera donné avis au Commandant de la place ou du quartier, lequel les remettra au pouvoir des juges ordinaires, pour être punis suivant les ordonnances de police.

17.

SI le désordre ou le délit commis par lesdits bourgeois & autres habitans intéressoit la sûreté de la place, l'autorité du commandement ou le service de Sa Majesté, le Commandant les retiendra en prison jusqu'à ce que, sur le compte qui en aura été rendu à Sa Majesté par le Secrétaire d'État ayant le département de la guerre, Elle ait fait savoir ses intentions à ce sujet.

18.

Femmes ou filles débauchées.

LORSQU'UNE femme ou fille débauchée sera surprise avec des Soldats, Cavaliers ou Dragons dans les corps-de-garde, dans les casernes, dans les chambres que les Soldats, Cavaliers & Dragons occupent chez l'habitant, lorsqu'ils ne sont point casernés, dans les cabarets, & en général dans tous les lieux publics, à la réserve cependant des maisons des particuliers, le premier Officier qui en sera instruit la fera arrêter, & en informera aussitôt le Commandant de la place.

19.

SI ces femmes ou filles étoient domiciliées dans la place, le Commandant les fera remettre au juge royal du lieu, sans leur infliger aucune peine, & ledit Commandant sera tenu de rendre compte au Secrétaire d'État ayant le département de la guerre, du châtiment qui en aura été fait.

20.

SI elles sont étrangères & sans aveu, c'est-à-dire, lorsqu'elles ne seront réclamées ni par leurs parens ni par les juges, le Commandant de la place les fera mettre au cachot pendant trois mois, au pain & à l'eau, aux dépens de Sa Majesté, pour être ensuite renfermées, aussi aux dépens de Sa Majesté, le reste de leurs jours, dans la maison de force la plus voisine, en exécution des ordres qui en seront donnés par le Secrétaire d'État ayant le département de la guerre, sur la demande du Commandant de la province.

21.

DÉFEND Sa Majesté que dans aucun cas les femmes ou les filles débauchées soient exposées sur le cheval de bois.

22.

Spectacle. IL ne pourra être établi aucun spectacle dans les places, sans que le Commandant en soit averti, afin qu'il puisse prendre les précautions nécessaires pour prévenir le désordre qui en pourroit arriver.

23.

VEUT bien permettre, Sa Majesté, à tous les régimens de s'abonner pour les spectacles; mais Elle entend en même temps, que les Commandans des places tiennent la main avec la plus grande exactitude, à ce que cet abonnement soit fait au plus bas prix possible; & que la retenue en ſoit faite avec égalité au *prorata* des appointemens de chaque grade.

24.

Aſſemblées & publications.

IL ne ſera jamais fait aucune aſſemblée & publication au ſon de la cloche, du tambour ou de la trompette, que le Commandant de la place n'en ait été averti par un Officier de police: Mais le Commandant n'y pourra former aucun obſtacle, à moins que le ſervice du Roi n'y ſoit intéreſſé; auquel cas il en rendra compte, ſur le champ, à l'Officier général, dans le diſtrict duquel ladite place ſera compriſe, au Commandant en chef du département & au Secrétaire d'État ayant le département de la guerre.

25.

Main-forte à juſtice.

LES Commandans des places, ſeront tenus de prêter main-forte, pour l'exécution des décrets de Juſtice, toutes les fois qu'ils en ſeront requis, conformément à l'article 10 du titre I.er de la préſente inſtruction.

26.

Aux Employés des Fermes.

ILS ſeront pareillement obligés de ſoutenir les Employés des Fermes dans leurs fonctions, & de leur donner un Officier-major pour les accompagner lorſqu'ils voudront faire leurs viſites dans les caſernes ou autres logemens des Soldats.

27.

Chaſſe.

LES Commandans des places, ne pourront faire conſerver la chaſſe aux environs de la ville, ni y chaſſer eux-mêmes, ou permettre aux Officiers de leur garniſon d'y chaſſer, s'il n'a été rendu une Ordonnance pour fixer l'étendue & les bornes de la réſerve qui leur auroit été accordée.

28.

Pêche.

ENTEND pareillement Sa Majeſté, que leſdits Commandans des places ne puiſſent pêcher, faire pêcher, ni permettre à qui que ce ſoit de leur garniſon, de pêcher dans les rivières & étangs qui appartiendront à des

Seigneurs ou autres particuliers des environs de leur place.

29.

Prix des auberges.

LES Lieutenans-colonels, Majors & Capitaines de Grenadiers, pourront vivre ensemble à une auberge de soixante à soixante-dix livres au plus par mois; celles des Capitaines seront de quarante à cinquante livres au plus, non compris les valets pour lesquels il sera payé quinze livres par mois au plus. L'auberge des Lieutenans, sera de vingt-cinq à trente livres au plus; celle des porte-Drapeaux & autres Officiers qui n'auront pas de secours de leur famille, ou que le Colonel fera mettre à cette auberge, pour cause de rangement, sera de dix-huit à vingt livres au plus.

Enjoignant Sa Majesté, à tous Officiers généraux & Commandans des places, de tenir régulièrement la main à l'exécution du présent article; & à régler que les auberges des places, dans lesquelles ils commanderont, n'excèdent sous aucun prétexte, les prix fixés ci-dessus.

TITRE IV.

De l'arrivée des Troupes dans les Places.

ARTICLE PREMIER.

Officiers & bas Officiers qui iront au logement.

LORSQU'UN régiment d'Infanterie, de Cavalerie, de Dragons ou de Troupes-légères devra arriver dans une place pour y tenir garnison, le Major ou un Aide-major, avec le Quartier-maître & tous les Fourriers, partiront à l'avance du dernier logement, pour prendre les ordres du Commandant supérieur de la place, & les porter à celui du régiment lorsqu'il sera à portée de la place.

2.

Halte des Troupes avant d'entrer.

LA Troupe étant arrivée près de la place, elle se mettra en bataille au pied du glacis, pour y attendre les bas Officiers, Soldats, Cavaliers & Dragons qui seront restés en arrière; & pendant cette halte, on fera rajuster toutes les parties de l'armement, de l'habillement & de l'équipement.

3.

Visite des commis des Fermes.

SI les Troupes doivent être fouillées par les commis des Fermes, on fera pendant cette halte, ouvrir les rangs à quatre pas de distance, & poser les armes par terre, chaque bas Officier & Soldat ayant son havresac entre les jambes; alors un commis des Fermes entrera en même temps dans chaque rang, accompagné d'un Officier du régiment, & visitera successivement les havresacs du même rang, même les habits s'il soupçonne qu'ils aient de la contrebande sur eux; & les Officiers feront arrêter ceux, dans les habits & équipages desquels il s'en sera trouvé.

Il en sera usé de même à l'égard des Troupes de Cavalerie ou de Dragons, en observant de faire mettre les Cavaliers & les Dragons, pied à terre à la tête des chevaux; chaque Cavalier ou Dragon ayant son portemanteau entre les jambes.

4.

Entrée dans la place.

TOUT étant prêt pour l'entrée de la Troupe dans la place, elle se mettra en marche pour y entrer, sur l'avertissement qu'elle en recevra du Major ou autre Officier-major de la place, qui viendra la prendre hors de la barrière, & se mettant à sa tête, la conduira sur la place d'armes.

5.

LA Troupe défilera dans le plus grand ordre, les Officiers étant à pied, l'esponton ou le fusil à la main, les Tambours battant aux champs & les Soldats portant le fusil.

Les Troupes de Gendarmerie, Cavalerie ou Dragons, défileront de même, la Cavalerie ayant le sabre à la main, & les Dragons portant le fusil haut, le Timbalier battant & les Trompettes sonnant la marche.

6.

Femmes.

AUCUNE femme de Soldat, ni autre équipage, ne se mêlera avec la Troupe lorsqu'elle entrera dans la place; on aura l'attention de les faire marcher toutes ensemble, à cent pas de la queue de ladite Troupe.

7.

Troupe mise en bataille sur la place d'armes.

LA Troupe arrivée sur la place d'armes, s'y mettra en bataille, en faisant face au corps-de-garde ou à la maison-de-ville, autant que cela se pourra; & alors le Commandant supérieur de la place qui sera tenu de se trouver à l'arrivée de ladite Troupe sur la place d'armes pour l'y recevoir, ordonnera de battre un ban, & de faire les défenses portées au titre V.

8.

Contrôle remis à l'arrivée des Troupes.

LE Major de la Troupe remettra audit Commandant supérieur de la place ou du quartier, un état contenant le nombre d'hommes de chaque compagnie, celui des absens par congé ou aux hôpitaux, & de ceux qui seront restés en arrière; le Major d'un régiment de Cavalerie ou de Dragons, comprendra sur cet état, le nombre de chevaux de chaque compagnie qui seront présens, & celui des chevaux éclopés qui seront restés en arrière, avec le nom des Officiers, bas Officiers, Cavaliers ou Dragons qu'on aura laissés avec eux pour en prendre soin.

9.

LEDIT Major lui remettra en même temps un contrôle qui comprendra le nom & le grade de chaque Officier, en marquant ceux qui seront absens par congé de la Cour, sur simples permissions ou autrement, & le temps auquel ils auroient dû ou devront rejoindre.

10.

IL sera envoyé ensuite un double dudit contrôle au Commandant

Commandant en chef du département, par ledit Commandant supérieur de la place, qui l'instruira dans la suite du retour des Officiers absens, & du départ de ceux qui s'absenteront.

11.

On tirera ensuite les gardes, si la Troupe doit en fournir ce jour-là pour le service de la place; après quoi, le Commandant supérieur de la place fera défiler devant lui la Troupe par compagnies, pour en mieux connoître la force; & lorsqu'il aura permis de la faire loger, on commencera par renvoyer les drapeaux, étendards ou guidons au logement du Commandant de la Troupe, où ils seront conduits & escortés, comme il a été prescrit par les Ordonnances concernant l'exercice de l'Infanterie & de la Cavalerie.

A l'égard de la Cavalerie, elle ne fournira de garde à cheval le jour de son arrivée, dans une place ou un quartier, que lorsque les circonstances l'exigeront; & l'on ne tirera la garde à pied qu'elle devra fournir, qu'après que la Troupe aura été établie dans ses logemens, & les chevaux dans les écuries.

12.

Si la Troupe doit être casernée, elle partira de la place d'armes pour se rendre à son quartier, & elle y sera conduite dans le plus grand ordre, par les Officiers supérieurs, ceux de l'État-major & ceux de chaque compagnie, qui ne pourront la quitter qu'après qu'ils l'y auront établie.

13.

Les clefs du quartier, lorsqu'on pourra le fermer, seront remises à l'Officier ou bas Officier qui y sera établi de garde, dans le même instant de l'arrivée de la Troupe.

TITRE V.

Des Bans qui doivent être battus à la tête des Troupes.

ARTICLE PREMIER.

QUI que ce soit ne pourra faire battre de ban militaire dans une place ou dans un quartier, sans la permission de celui qui y commandera; mais ledit Commandant ne se mêlera en rien de ce qui aura rapport aux bans de la police civile, & les Magistrats pourront les faire publier aussitôt qu'ils en auront fait avertir le Commandant supérieur de la place, conformément à l'article 25 du titre III.

2.

Défenses à l'arrivée.

A l'arrivée d'une Troupe dans une place ou dans un quartier, soit pour y tenir garnison ou y passer seulement, le Commandant supérieur de la place ou du quartier fera battre un ban pour défendre, sous les peines portées par les Ordonnances, à tous Soldats, Cavaliers & Dragons de s'éloigner de la place au-delà des limites qui leur seront indiquées, de mettre le sabre ou la baïonnette à la main dans la place ou dans le quartier, d'y commettre aucun désordre, d'entrer dans les jardins & autres lieux, d'y fourrager, couper les arbres ni prendre aucune chose.

Dans les places où les Troupes ne devront pas être casernées, il sera défendu de s'établir en d'autres logemens que ceux portés par leurs billets, sous peine de quinze jours de prison, & de rien exiger de leur hôte qu'un lit garni pour deux, place au feu & à la chandelle.

3.

LES mêmes défenses seront faites aux Officiers, à

peine de concussion & d'être responsables des dommages causés par les Soldats, Cavaliers ou Dragons de leurs compagnies, en cas de tolérance de leur part.

4.

LE Commandant supérieur de la place, ajoutera à ces défenses celles qu'il jugera nécessaires par rapport aux conjonctures & au service particulier de la place ou du quartier.

5.

Plaintes contre les contrevenans.

IL sera fait un autre ban, portant injonction aux habitans, qu'en cas de contravention aux défenses susdites, ils aient à le venir déclarer incontinent, & porter leur plainte d'abord au Commandant de la Troupe, & ensuite, en cas de déni de justice de sa part, au Commandant de la place, pour en être fait justice sur le champ, faute de quoi il en sera dressé procès-verbal par les Officiers de ville ou principaux habitans, que le premier d'entre eux sera tenu d'envoyer au Secrétaire d'État ayant le département de la guerre & à l'Intendant de la généralité, à peine auxdits Officiers municipaux ou principaux habitans, de répondre des dommages que les particuliers auront soufferts impunément.

6.

Crédit.

IL sera fait aussi défenses aux bourgeois & autres habitans de faire crédit aux Officiers, Soldats, Cavaliers ou Dragons, conformément à ce qui est prescrit par l'article 6 du titre III de la présente instruction.

TITRE VI.

Du Logement.

ARTICLE PREMIER.

Logement des Troupes dans les casernes.

LES régimens ou compagnies d'Infanterie, de Cavalerie, de Dragons, de Troupes-légères ou autres, qui auront reçu des ordres de Sa Majesté, pour loger dans quelques bourgs, villages, places frontières ou villes de l'intérieur du royaume, soit qu'ils n'y fassent que passer, ou qu'ils doivent y rester en garnison, seront logés dans les pavillons ou casernes, s'il y en a, soit que lesdites casernes ou pavillons appartiennent à Sa Majesté, ou qu'elles aient été faites aux frais des villes & communautés: Entendant Sa Majesté, qu'aucun Officier, bas Officier, Cavalier, Dragon ou Soldat ne puisse être logé chez l'habitant, qu'après que toutes les chambres desdits bâtimens, destinées pour chaque grade, auront été remplies.

2.

Les Troupes logées chez l'habitant, nonobstant tous priviléges.

L'INTENTION de Sa Majesté est que dans tous les endroits où il n'y aura ni pavillon, ni casernes, ou que lesdits pavillons ou casernes seront occupés par les Troupes de la garnison, les Officiers, Fourriers, Sergens, Maréchaux-des-logis, Cavaliers, Dragons ou Soldats desdits régimens ou compagnies, soient logés chez les habitans, nonobstant tous priviléges ou concessions à ce contraires, en quelques provinces ou pays qu'ils aient eu lieu jusqu'à ce jour; l'intention de Sa Majesté étant de les révoquer pour le logement des Troupes seulement, dans l'Ordonnance qu'Elle rendra pour régler définitivement le service des places.

3.

Les maisons seront numérotées.

DANS toutes les villes, bourgs & villages du royaume, les Maire & Échevins ou chefs des communautés, feront numéroter les maisons sujettes au logement des Troupes; de manière qu'en commençant par le numéro premier dans un quartier quelconque desdites villes, bourgs ou villages, la maison de la droite soit marquée du nombre premier; celle ensuite, de celui de deux; la troisième, du nombre trois, & ainsi des autres en suivant de rue en rue: enjoignant Sa Majesté aux Intendans des provinces, d'y tenir exactement la main.

4.

4.

SA MAJESTÉ voulant à l'avenir, prévenir les contestations qui pourroient s'élever à l'égard des logemens, entre les Troupes & les habitans des places ou quartiers; Son intention est, qu'aussitôt la présente Instruction reçue, il soit fait par le Commandant & le Major de la place, le Commissaire des guerres, le Maire ou principal Officier municipal de la ville, une visite exacte des maisons sujettes au logement; d'y faire marquer sur un écriteau de fer-blanc, le grade de ceux qu'ils auront jugé pouvoir y loger convenablement; & enfin de faire marquer pareillement dans l'intérieur de chaque maison, les portes des chambres destinées au logement: Défend Sa Majesté aux propriétaires ou principaux locataires desdites maisons, d'ôter lesdits écriteaux, ni de les changer, sous peine de cinq cents livres d'amende, applicable à l'hôpital du lieu ou du plus prochain; & de plus forte punition en cas de récidive.

Dans les lieux où il n'y aura point de Commissaires des guerres, ce qui leur est prescrit par cet article, sera exécuté par un des premiers Officiers de la principale juridiction de l'endroit.

5.

Pouvoir du Commandant de la place dans cette visite.

SA MAJESTÉ, en chargeant les Commandans & les Majors des places, d'assister à la visite prescrite par l'article 4, leur défend de décider sur le fait des logemens, c'est-à-dire, si un habitant doit loger plutôt qu'un autre; mais Elle veut qu'ils se restraignent dans cette visite, à examiner si le logement qu'on donne à un Officier, bas Officier, ou aux Soldats, Cavaliers ou Dragons est convenable.

6.

État général du logement, divisé en huit classes.

APRÈS cette visite, il sera dressé un état général du logement, divisé en huit classes; les Lieutenans généraux seront logés dans la première classe.

Les Maréchaux-de-camp dans la seconde.

Les Brigadiers, Colonels ou Mestres-de-camp dans la troisième.

Les Lieutenans-colonels & les Majors dans la quatrième.

Les Capitaines, les Aides-majors & les Quartiers-maîtres dans la cinquième.

Les Lieutenans, Sous-aides-majors, Sous-lieutenans, Porte-drapeaux, Porte-étendards, Porte-guidons, Aumôniers & Chirurgiens dans la sixième.

Les Fourriers, Sergens, Maréchaux-des-logis, Tambours-majors & Timbaliers dans la septième.

Et les Caporaux, Brigadiers, Soldats, Cavaliers, Dragons, Tambours ou Trompettes dans la huitième.

Il sera marqué sur cet état le nombre & la qualité des chambres ou autres lieux destinés, dans chaque maison, au logement des Troupes; & il en sera fait quatre expéditions, signées chacune par le Commandant, le Major de la place, le Commissaire des guerres & le Maire ou principal Officier municipal de la ville, lesquels en garderont chacun une, pour y avoir recours en cas de plainte, soit de la part des Troupes, soit de la part des habitans.

Il en sera fait aussi une cinquième expédition, qui sera déposée à l'Hôtel-de-ville pour servir à faire l'assiette des logemens, suivant le nombre des Troupes qu'ils y auront à loger.

Entendant Sa Majesté que les Échevins fassent part au Commissaire des guerres, des variations qui pourront arriver par le changement des habitans, afin d'en faire note sur le double de l'état qui restera entre ses mains.

Enjoint Sa Majesté aux Commissaires des guerres & Échevins qui marqueront les logemens destinés pour chaque classe, d'ordonner que lesdits logemens soient mis dans l'état convenable, & de tenir la main à l'exécution de ce qu'ils auront prescrit à cet égard.

7.

Les Officiers qui iront

LORSQU'UN régiment d'Infanterie, de Cavalerie,

de Dragons ou de Troupes-légères, devra arriver dans une place ou un quartier pour y tenir garnison, les Officiers qui auront été à l'avance au logement, conformément à l'article premier du titre IV, après avoir pris les ordres du Commandant supérieur de la place, préviendront les Officiers de ville de l'arrivée de la Troupe, pour préparer le logement sur l'état que le Quartier-maître sera tenu de remettre auxdits Officiers de ville, du nombre des Officiers, bas Officiers, Soldats, Cavaliers & Dragons de ladite Troupe, en leur représentant la route, au dos de laquelle devra être transcrit l'extrait de la revue du Commissaire des guerres.

Les Officiers qui auront été au logement, préviendront à l'avance les Officiers de ville de l'arrivée de la Troupe.

8.

QUAND les Troupes devront être logées dans les casernes ou pavillons, le Quartier-maître ou autre Officier-major, ira avec un Ingénieur & le Major de la place, faire la visite desdites casernes & pavillons, & voir s'il n'y manque rien; si les portes, fenêtres, vitres, serrures, bancs & autres ustensiles appartenans auxdites casernes & pavillons sont en bon état; & il sera dressé du tout procès-verbal, dont chacun d'eux gardera une copie, signée de tous trois.

Visite des casernes.

9.

LORSQUE le régiment devra être logé chez le bourgeois, les Maire & Échevins se rendront à l'Hôtel-de-ville, pour procéder en diligence à la répartition du logement, en conformité de la revue de route qui leur aura été présentée par l'Officier-major ou le Quartier-maître qui seront venus au logement, en exécution de l'article 7 du présent Titre.

Le logement fait par les Maire & Échevins sur la revue de route.

10.

LES Officiers de ville feront le logement de la Troupe avec le Commissaire des guerres qui devra en avoir la police; & si le Commissaire est absent, ils le feront seuls, & lui en remettront à son retour un contrôle signé d'eux.

Le Commissaire y sera présent.

TITRE VI.

11.

Les Officiers ne s'en mêleront pas.

LES Officiers qui auront été envoyés à l'avance au logement, ne pourront s'ingérer en aucune manière de l'assiette du logement.

12.

Répartition du logement.

LES Maire, Échevins, Syndics ou autres Officiers municipaux, répartiront alternativement & avec égalité, le logement sur tous les habitans qui y seront sujets; de façon qu'aucun ne puisse loger deux fois, avant que tous les autres aient logé une fois.

13.

Billets de logement.

LESDITS Officiers procéderont ensuite à l'expédition des billets de logement; ces billets contiendront, indépendamment du numéro des maisons & des noms des hôtes, la qualité & le nombre de ceux qui devront y être logés; & lesdits billets seront paraphés par le Maire ou premier Échevin, Consul ou Jurat; & à leur défaut par le principal habitant du lieu, ayant soin des affaires de la communauté, qui aura travaillé audit logement.

14.

Défense d'assigner le logement dans des censes.

DÉFEND Sa Majesté aux Officiers municipaux, de donner des billets pour envoyer des Soldats, Cavaliers ou Dragons dans des censes & maisons dépendantes du lieu du logement, à moins qu'elles ne puissent contenir une ou deux compagnies avec les Officiers, & qu'elles ne soient éloignées que d'un quart de lieue tout au plus.

15.

Le logement de la même Troupe assigné de proche en proche.

LES Officiers municipaux observeront d'expédier lesdits billets de manière que tous les hommes & les chevaux d'une même escouade, subdivision, division, compagnie, bataillon ou escadron & régiment, soient logés de proche en proche, dans un même quartier; & que les Fourriers, Sergens, Maréchaux-des-logis & Officiers soient logés près la division à laquelle ils seront attachés, afin qu'ils soient plus à portée de veiller au maintien de la discipline, & de remédier aux désordres qui pourroient arriver.

16.

16.

Les Tambours & les Trompettes logés proche leur troupe.

LES Maire & Échevins observeront pareillement de loger de proche en proche, tous les Tambours ou tous les Trompettes d'un régiment.

17.

Nombre d'hommes dans chaque logement, & ustensiles qui doivent leur être fournis.

LES billets ne pourront contenir pour chaque maison moins de deux Cavaliers, Dragons ou Soldats: Et comme l'intention de Sa Majesté est que ses Troupes fassent ordinaire par chambrée, les hôtes qui logeront les Soldats, Cavaliers ou Dragons de chaque escouade, lorsque la troupe sera en garnison ou en quartier, seront tenus de supporter alternativement l'embarras de l'ordinaire de ladite escouade, sans être obligé de fournir les ustensiles de cuisine; mais quand la troupe ne sera que passer, les hôtes fourniront, indépendamment de la place au feu & à la chandelle, aux Officiers des compagnies, aux bas Officiers, Cavaliers, Dragons & Soldats, les pots, plats, assiettes & autres ustensiles de cuisine, dont ils pourront avoir besoin pour faire cuire leur viande & leur soupe.

18.

Officiers-majors logés le plus près possible de leur bataillon ou escadron.

SOIT qu'une Troupe soit casernée, soit qu'elle loge chez le bourgeois, les Officiers attachés à l'État-major seront logés le plus proche qu'il sera possible du bataillon ou escadron auxquels ils seront attachés, du Major & du Commandant du corps.

19.

Chambre des hôtes réservée.

N'ENTEND cependant Sa Majesté qu'en aucun cas, les hôtes puissent être délogés de la chambre & du lit où ils auront coutume de coucher.

20.

Distributions des billets de logement.

LES billets de logement étant expédiés, le Quartier-maître fera des paquets séparés, de tous ceux des bas Officiers, Soldats, Cavaliers, Dragons, Tambours ou Trompettes de la même compagnie, pour les remettre à chaque Fourrier.

21.

Officiers supérieurs & de l'État-major.

QUANT aux billets de logement des Officiers, le Quartier-maître gardera ceux des Officiers de l'État-major & de ceux qui y sont attachés, pour les leur remettre lui-même.

22.

Officiers des compagnies.

À l'égard des billets de logement des Officiers de chaque compagnie, le Quartier-maître les remettra au Fourrier, en observant dans cette distribution de loger les Officiers de chaque compagnie le plus près qu'il sera possible de leur troupe, sans jamais faire tirer au sort pour cette distribution, à moins que la troupe ne soit logée en entier dans les casernes.

23.

Soldats, Cavaliers & Dragons.

LES billets des Soldats, Cavaliers ou Dragons qui auront été mis par paquets séparés pour chaque compagnie & pour chaque escouade, seront remis par le Quartier-maître au Fourrier de chacune desdites compagnies, pour être par eux distribués à chaque chef d'escouade, jusqu'à concurrence du nombre d'hommes dont lesdites escouades seront composées.

24.

CHAQUE Capitaine conduira sa compagnie devant son logement, où le Fourrier de la compagnie distribuera d'abord au Capitaine & aux deux Officiers subalternes leurs billets de logement.

25.

Contrôle général du logement.

LE Quartier-maître, après avoir reçu par le Fourrier, l'état du logement de chaque compagnie, formera l'état général du logement de chaque bataillon ou escadron, y compris celui des Officiers-majors & de la totalité du régiment, & en remettra une copie au Commandant & une au Major du corps; il en sera donné une au Commissaire des guerres, qui aura la police du régiment, par le Maire ou principal Officier de ville, qui en conservera aussi une copie pour lui.

TITRE VI.

26.

Officiers présens lors de la distribution des billets aux Soldats, Cavaliers & Dragons.

LES Officiers seront tenus d'être présens lorsqu'on distribuera les billets à leurs Soldats, Cavaliers & Dragons, & ils ne se retireront que lorsque tous les Soldats, Cavaliers ou Dragons de leurs compagnies seront établis chez leurs hôtes, pour prévenir les discussions qui pourroient arriver entre les uns & les autres.

27.

Villes qui voudront se décharger du logement personnel.

TROUVE bon Sa Majesté, que les villes qui voudront se décharger du logement personnel, louent des maisons suffisantes & convenables pour y caserner les Troupes qui y seront en garnison, pourvu que ce soit à leurs frais, & aux conditions de leur y faire fournir les ustensiles nécessaires; leur permettant en outre de faire mettre dans les chambres desdites maisons, autant de lits qu'elles pourront raisonnablement en contenir, & de faire contribuer aux fournitures qui devront y être mises, non-seulement les habitans non exempts du logement, mais même en cas de nécessité, ceux des bourgs & villages dépendans desdites villes.

28.

VEUT cependant Sa Majesté, que cette dernière disposition n'ait lieu qu'après que les Intendans des provinces auront statué sur la quantité & l'espèce de fourniture que lesdits bourgs & villages devront livrer, à proportion de leurs facultés, & du plus ou moins de Troupes qui devront être en garnison dans lesdites villes : L'intention de Sa Majesté est que les fournitures soient faites en nature, sans que pour quelques raisons que ce soit, il puisse être fait entre les chefs des villes & ceux des bourgs & villages aucuns arrangemens à ce contraires.

29.

SA MAJESTÉ ayant réglé pour le bien de son service & la bonne discipline des Troupes, que les Colonels ou Mestres-de-camp seroient logés auprès de leur régiment, le Lieutenant-colonel à l'extrémité du Colonel ou Mestre-de-camp, pour veiller à l'autre partie du régiment; le Major au centre, les Aides-majors & Sous-aides-majors à portée du Major; les Capitaines le plus près possible de leur compagnie; les Lieutenans & Sous-lieutenans de leur division, & les Sergens ou Maréchaux-des-logis de leur subdivision: Elle défend expressément qu'en aucun cas & sous quelque prétexte que ce puisse être, & dans quelque ville & place que ce soit, le logement puisse être converti en argent; Sa Majesté voulant qu'il soit fourni en nature: enjoignant expressément aux Officiers généraux, aux Intendans & aux Commissaires des guerres d'y tenir la main, & d'informer sur le champ le Secrétaire d'État ayant le département de la guerre, des contraventions qui pourroient se commettre à cet égard.

30.

Billets pour ceux qui arriveront après l'assiette du logement.

LORSQU'IL arrivera des Officiers, Soldats, Cavaliers ou Dragons qui n'auront pas été présens à la troupe lors de l'assiette du logement, les Officiers de ville leur donneront de nouveaux billets, dans le quartier où sera logé leur compagnie, sur les certificats que le Commissaire des guerres, ou en son absence, le Major de la place donnera de leur arrivée; s'il n'y a point dans le lieu de Commissaire des guerres ou d'État-major, le Commandant de la troupe donnera ledit certificat, & sera en outre tenu de faire présenter & voir auxdits Officiers de ville, ceux pour qui il faudra de nouveaux billets.

31.

Logement sans billets.

LES Officiers qui se logeront sans billets des Officiers municipaux ou des Commissaires des guerres, seront mis en prison; & le Commandant de la place ou du corps en rendra compte à l'Officier général, dans le commandement duquel ladite place sera située, & au Secrétaire d'État ayant le département de la guerre.

32.

LES Soldats, Cavaliers ou Dragons qui s'établiront en

en d'autres logemens que ceux qui leur auront été assignés, seront punis conformément à ce qui est prescrit par l'Ordonnance concernant les crimes & délits militaires.

33.

Défenses de changer de logement.

DÉFEND très-expressément Sa Majesté aux Officiers, Soldats, Cavaliers ou Dragons de ses Troupes, de changer entr'eux les logemens qui leur auront été ordonnés, à peine aux Officiers d'être mis aux arrêts pendant quinze jours; & aux Soldats, Cavaliers & Dragons, d'être punis conformément à ce qui est prescrit par l'Ordonnance des crimes & délits militaires.

34.

Les logemens ne seront point changés.

LORSQUE les logemens seront une fois assis, ils ne pourront être changés; savoir, ceux de quelques Officiers ou de quelques compagnies, que par l'ordre des Commissaires des guerres avec l'avis des Officiers de ville, & ceux d'un ou plusieurs bataillons ou escadrons, que par l'ordre de l'Intendant de la province, lesquels seront tenus d'informer sur le champ le Commandant en chef du département, des raisons qu'ils auront eues d'ordonner lesdits changemens.

35.

Peines contre les Officiers municipaux qui commettront des abus.

S'IL arrivoit que les Officiers municipaux surchargeassent de logement quelques habitans pour en exempter d'autres qui devroient y être sujets, ou dont le tour seroit venu de loger; le Commissaire des guerres se fera représenter par lesdits Officiers municipaux les rôles des habitans; & s'il y a abus, l'intention de Sa Majesté est que lesdits Officiers municipaux, soient condamnés à trente livres au moins de dommages & intérêts envers ceux desdits habitans qui auront été lesés; & qu'en outre ledit Commissaire expédie seul ses billets, pour faire loger & déloger ceux qu'il conviendra, sans que personne puisse se dispenser de s'y conformer, à peine de désobéissance & de s'y voir contraint.

36.

SA MAJESTÉ autorise pareillement les Commissaires des guerres à faire loger les gens de guerre, tant chez les Officiers de ville, que chez ceux de Justice & autres exempts, qui, par connivence ou autrement, auront soufferts quelques abus au fait des logemens, après en avoir reçu plainte sans y avoir remédié.

37.

Visite des fournitures.

TOUT ce qui regarde l'assiette du logement étant réglé, un Officier-major du régiment ou le Quartier-maître, le Commissaire des guerres & l'Entrepreneur se rendront dans les magasins destinés à contenir les fournitures, pour examiner l'état & la qualité desdites fournitures; & après que leur qualité aura été constatée par un état dont chacun d'eux gardera une copie signée de tous trois, l'Officier-major ou le Quartier-maître y fera prendre par les Soldats, Cavaliers ou Dragons qu'il aura menés avec lui celles qui seront nécessaires, dont il donnera son reçu audit Entrepreneur.

38.

LES Officiers qui seront logés aux pavillons, donneront pareillement à l'Entrepreneur ou à son Commis une reconnoissance des meubles, fournitures & ustensiles qui leur auront été par eux livrés.

39.

Logement & fourniture aux Officiers généraux & supérieurs des corps.

IL sera fourni à chaque Lieutenant général employé, trois chambres garnies & un cabinet, l'une des trois chambres sera garnie d'un lit, l'autre de deux pour ses deux Aides-de-camp, la troisième qui n'aura point de lit, servira de salle à manger, une quatrième chambre garnie d'un lit pour son Secrétaire, une cuisine & une cave, des chambres suffisantes pour coucher vingt-deux domestiques de deux en deux, y compris ceux des Aides-de-camp, & des écuries pour trente-quatre chevaux, y compris ceux des Aides-de-camp.

40.

A chaque Maréchal-de-camp trois chambres garnies, dont deux ſeulement avec un lit, l'une des deux devant ſervir à ſon Aide-de-camp, la troiſième ſans lit pour manger, un cabinet, une cuiſine, une cave, des chambres ſuffiſantes pour coucher quatorze domeſtiques de deux en deux, y compris celui de l'Aide-de-camp, & des écuries pour vingt-deux chevaux, y compris ceux de l'Aide-de-camp.

41.

Il ſera de plus fourni à chaque Maréchal-de-camp, qui ſera en même temps Inſpecteur, une chambre garnie avec un lit pour ſon Secrétaire.

42.

A chaque Colonel ou Meſtre-de-camp & Lieutenant-colonel, qui ſeront Brigadiers, deux chambres garnies, dont une ſeule avec un lit, une ſeconde ſans lit devant ſervir de ſalle à manger, une cuiſine, une cave & des chambres ſuffiſantes pour coucher dix domeſtiques de deux en deux, & des écuries pour ſeize chevaux, aux Brigadiers d'Infanterie, & dix-huit à ceux de Cavalerie.

43.

A chaque Colonel ou Meſtre-de-camp qui ne ſeront pas Brigadiers, le même logement qu'aux Brigadiers; mais il ne leur ſera fourni des écuries que pour huit chevaux pour les Colonels d'Infanterie, & dix pour ceux de Cavalerie ou de Dragons.

44.

Il ſera fourni à chaque Lieutenant-colonel & Major, deux chambres garnies, dont une ſeulement avec un lit, une cuiſine, une cave & des chambres ſuffiſantes pour coucher ſix domeſtiques au Lieutenant-colonel, & cinq au Major, & des écuries pour loger ſept chevaux pour les Lieutenans-colonels d'Infanterie, cinq pour les Majors d'Infanterie, huit pour les Lieutenans-colonels, & ſix pour les Majors de Cavalerie & de Dragons.

45.

Capitaines.

IL sera donné à chaque Capitaine, une chambre avec un lit, & une autre chambre avec un lit pour son valet.

46.

Officiers subalternes.

IL sera donné aux Lieutenans, Sous-lieutenans, Porte-drapeaux, Porte-étendards, Porte-guidons, une chambre à deux lits pour deux, & un endroit avec un lit pour leurs valets; le Lieutenant & le Sous-lieutenant de chaque compagnie seront toujours logés ensemble, quand ils seront présens; & sous quelque prétexte que ce puisse être, même de la commodité des villes, le Commandant de la place ne souffrira jamais qu'aucun Lieutenant, Sous-lieutenant ou autre Officier subalterne, soit logé seul dans une chambre lorsqu'il y en aura plusieurs à loger.

47.

LES Aides-majors & les Sous-aides-majors seront logés seuls, chacun dans une chambre, ainsi que le Quartier-maître & tout autre Officier chargé de la caisse du régiment.

48.

IL sera de plus fourni aux Capitaines, Lieutenans & autres Officiers subalternes, des écuries pour le nombre effectif des chevaux qu'ils auront; bien entendu que le nombre n'excèdera point, soit en temps de paix, soit en temps de guerre, celui des places de fourrage que le Roi aura réglé à chaque grade.

49.

EN temps de paix, il ne sera fourni aux Officiers généraux ou autres, des écuries que pour le nombre effectif des chevaux qu'ils auront.

50.

LES ustensiles de cuisine seront fournis par les hôtes aux Officiers généraux conduisant des divisions, & aux Officiers supérieurs qui marcheront avec leur régiment; mais dans les lieux de résidence, garnisons ou quartiers, les Officiers généraux & supérieurs s'en pourvoiront à

leurs

leurs dépens; entendant Sa Majesté qu'en aucun cas les hôtes ne fournissent le bois ni le linge de table.

51.

LES habitans des places, villes ou bourgs qui auront des Officiers logés chez eux, fourniront aux Capitaines un lit garni d'une housse entière, d'une paillasse remplie de paille, deux matelas ou un seul avec un lit de plume, un traversin, deux couvertures l'hiver & une l'été, des draps tous les quinze jours en été, & de trois semaines en trois semaines pendant l'hiver, une table, trois chaises, un porte-manteau pour pendre les habits, un pot-à-l'eau & un plat, deux serviettes par semaine, un chandelier, deux chenets, une pelle, une pincette & un pot-de-nuit; & en outre un lit de valet composé d'une paillasse, un matelas de bourre ou de crin, une couverture & des draps tous les mois.

Les mêmes choses seront fournies à deux Officiers subalternes logés ensemble, mais chacun d'eux aura un lit séparé garni de sa housse.

52.

LES habitans desdites places, villes ou bourgs où les Troupes seront logées, fourniront pour deux Fourriers, Sergens ou Maréchaux-des-logis, Cavaliers, Soldats ou Dragons, un lit garni d'une paillasse remplie de paille, d'un matelas de crin ou de bourre, ou bien d'un lit de plume, suivant les facultés, une couverture, un traversin, des draps tous les vingt jours, un banc, une table, & place au feu & à la chandelle.

53.

ON ne pourra se servir de ces fournitures que dans les chambres & quartiers assignés aux Troupes, & pour le seul usage des hommes servant dans les compagnies.

Défend Sa Majesté à tous les Officiers, de quelque grade qu'ils soient, d'en exiger ni même d'en recevoir de gré à gré de l'Entrepreneur pour l'usage de ses valets au-delà de ce qui leur est réglé.

54.

LE logement & les fournitures de lits fixés pour les valets des Officiers, sera augmenté en temps de guerre, lorsque lesdits Officiers seront tenus d'avoir des équipages, à raison de cinq valets pour un Capitaine de Cavalerie & de Dragons, de quatre pour un Capitaine d'Infanterie, de quatre pour les Lieutenans & les Sous-lieutenans de chaque compagnie de Cavalerie ou de Dragons, de trois pour le Lieutenant & le Sous-lieutenant de chaque compagnie d'Infanterie.

55.

DÉFEND très-expressément Sa Majesté à tous gens de guerre, de quelque grade qu'ils soient, de rien exiger de leur hôte, au-delà de ce qui est réglé ci-dessus, sous les peines prescrites par l'Ordonnance concernant les crimes & délits militaires.

56.

Réparations desdites fournitures.

LORSQUE les Troupes sortiront du lieu de leur logement ou de leurs garnisons, soit qu'elles aient été logées dans les casernes ou chez l'habitant, elles seront obligées de rendre les meubles & autres ustensiles dans le même état qu'ils leur auront été fournis; d'en retirer une décharge, & de payer ou réparer, avant leur départ, ce qui se trouvera avoir été rompu & brisé dans les maisons & casernes, ainsi que les meubles perdus ou déchirés; faute de quoi, Sa Majesté ordonne aux Commissaires des guerres, & en leur absence, aux Majors des places ou aux Officiers municipaux, de dresser des procès-verbaux portant estimation d'Experts, de ce qui aura été perdu ou dégradé, & d'en envoyer, dans les vingt-quatre heures, des expéditions au Secrétaire d'État ayant le département de la guerre, & à l'Intendant de la province; pour la retenue du montant desdites estimations, être ordonnée sur lesdites Troupes.

57.

Seront exempts du logement des gens de guerre, & de toutes les contributions à icelui: Titre VI. *Exempts de logement.*

Les Eccléfiaftiques, étant actuellement dans les Ordres ou pourvus de Bénéfices qui exigent la réfidence dans le lieu.

58.

Les Officiers étant actuellement dans le fervice militaire, ou qui s'en font retirés après avoir obtenu la Croix de l'Ordre Royal-militaire de Saint-Louis, ou une penfion de Sa Majefté.

59.

La Nobleffe du royaume qui n'eft point dans le fervice militaire.

60.

Les veuves des Officiers des Troupes, tués à la guerre, retirés avec la Croix de Saint-Louis ou une penfion du Roi; celles des Gentilshommes ou autres, morts dans des charges qui leur procuroient pendant leur vie, l'exemption de logement, lefquelles continueront d'en jouir pendant leur viduité.

61.

Les Officiers commenfaux des Maifons royales, chargés d'un fervice annuel dans lefdites maifons, fans que ceux qui n'auront qu'un titre de charge, & ne rempliront aucun fervice, puiffent prétendre à ladite exemption.

62.

Les Confeillers-Secrétaires de Sa Majefté, Maifon, Couronne de France & de fes Finances; enfemble les Audienciers, Contrôleurs & autres Officiers de la grande Chancellerie.

63.

Les Préfidens, Confeillers, Gens de Sa Majefté & autres Officiers des Parlemens, Chambre des Comptes,

Cours des Aides & autres Cours, & Conseils supérieurs; les quatre plus anciens Avocats, les quatre plus anciens Procureurs & les deux plus anciens Secrétaires interprètes du Conseil supérieur d'Alsace, ainsi que le premier Huissier du Parlement de Toulouse.

64.

LES Présidens & Trésoriers généraux de France aux Bureaux des finances des généralités du royaume.

65.

LES Présidens, Lieutenans généraux, particuliers, civils & criminels du Siége principal de chaque lieu; ensemble les Gens de Sa Majesté auxdits Siéges, sans que les Chefs & Officiers des autres Justices, établis dans le même lieu, puissent participer à la même exemption.

66.

LES Grands-maîtres & Maîtres particuliers des eaux & forêts, tous les Officiers desdites Maîtrises, à la seule exception des Huissiers-audienciers.

Les Officiers des Élections.

67.

LES Commissaires aux saisies-réelles, & les Receveurs des Consignations, dont la finance excédera quatre mille livres.

68.

LES Officiers & Ouvriers des Monnoies, excepté ceux qui étant logés hors des hôtels, tiendroient cabaret ou boutique ouverte.

69.

LE principal Officier, le Procureur du Roi & le Receveur de chaque Siége de l'Amirauté.

70.

LES Officiers de Chancellerie, près les Cours supérieures.

71.

LES Recteurs, Régens & Principaux des Universités, exerçant actuellement.

72.

LES Gardes-étalons.

73.

TOUS les Officiers & Cavaliers des compagnies des Maréchaussées.

74.

LES Maire, Mayeurs, Bourguemestres, Échevins, Consuls, Jurats ou Syndics des villes & communautés, pour le temps de leur administration seulement; ces exemptions ne pouvant être prétendues au-delà, sous tel prétexte que ce soit.

75.

LES Trésoriers & Receveurs généraux & particuliers ayant le maniement actuel des deniers de Sa Majesté.

76.

LES Commis des Fermiers des domaines, gabelles, aides, traites foraines, douanes domaniales & autres fermes de Sa Majesté, ainsi que les débitans de sel.

Les Receveurs de décimes.

77.

LES Monnoyeurs & les Changeurs en titre ou par commission, qui ont été établis dans les départemens.

78.

LES Étapiers, non-seulement pour les maisons où ils demeureront, mais encore pour celles où seront leur magasin, servant à la fourniture de l'étape.

79.

LES Commis chargés de la fourniture des lits dans les garnisons, les Gardes-magasins des habillemens & armes des Miliciens, les Commis des vivres & des fourrages, Médecins, Chirurgiens, Directeurs & Contrôleurs des hôpitaux militaires, Gardes d'Artillerie, Gardes-magasins des effets du Roi, & tous Employés pour le service du Roi.

80.

LES Directeurs des bureaux des lettres, les Maîtres de postes établis par brevets de Sa Majesté, les Commis des postes, ainsi que les Courriers ordinaires, employés par les Fermiers des postes, quoique faisant commerce & tenant cabaret.

81.

LES Lieutenans & les Greffiers du premier Chirurgien du Roi.

82.

LES Commanderies & Fermes de l'Ordre de Malte.

83.

LES Chefs & Inspecteurs des Manufactures établies par lettres patentes du Roi.

84.

LES Messageries seront exemptes de logement effectif, en observant cependant, que, quand, par la raison du commerce que les maîtres desdites Messageries feront, ou du cabaret qu'ils tiendront, on marquera des logemens dans leurs maisons & écuries, on devra leur laisser de quoi remplir le service dont ils sont chargés.

85.

LES privilégiés ne jouiront de leur exemption, que pour les maisons ou parties d'icelles qu'ils occuperont personnellement, sans que les particuliers non exempts, qui pourroient les louer en tout ou en partie, puissent participer, sous tel prétexte que ce puisse être, à ladite exemption.

86.

ENTEND Sa Majesté que ceux qui étant exempts par leur état, leur charge ou emploi, feront commerce à boutique ouverte ou tiendront cabaret, soient déchus de leur exemption, & qu'ils soient assujettis au logement comme marchands ou cabaretiers, pendant tout le temps qu'ils feront ledit commerce, à la réserve de ceux compris dans les articles 80 & 84.

87.

Cas de foule.

EN cas de foule, le logement doit être fait indifféremment chez les exempts & non exempts, en fuivant néanmoins l'ordre des priviléges; de manière que les Eccléfiaftiques foient logés tous les derniers, & ainfi des autres, dans l'ordre qu'ils ont été nommés ci-deffus.

88.

Difcuffions jugées par les Intendans.

SI quelques autres perfonnes que celles ci-deffus nommées, prétendent jouir de l'exemption du logement des gens de guerre, foit par conceffion particulière ou autrement, elles fe pourvoiront par-devant l'Intendant de la province qui décidera de leur titre, & en connoîtra fupérieurement & privativement à tous autres; & ce qui fera par lui ordonné à cet égard, fera exécuté par provifion, fauf à ceux qui fe croiront léfés par leurs ordonnances, à adreffer leurs repréfentations au Secrétaire d'État ayant le département de la guerre, pour en rendre compte à Sa Majefté, & y être par Elle pourvu.

89.

Officiers municipaux infultés.

DÉFEND très-expreffément Sa Majefté aux Soldats, Cavaliers & Dragons de fes Troupes, de frapper ou infulter les Maire, Échevins, Confuls, Juges & autres Magiftrats des lieux où ils feront en garnifon, ou par lefquels ils pafferont lorfqu'ils feront en route: Voulant Sa Majefté, que fur la réquifition des Magiftrats, les accufés foient mis en prifon pour être jugés par les Juges du lieu, fuivant la nature & les circonftances du délit.

90.

DANS le cas où lefdits Magiftrats & Officiers municipaux auroient été infultés ou frappés par des Officiers des Troupes de Sa Majefté, le Commandant de la place ou celui de la troupe les feront mettre en prifon, & ils en informeront fur le champ le Commandant en chef du département, & le Secrétaire d'État ayant le département de la guerre, qui prendra les ordres de Sa Majefté pour faire interdire & même casser lesdits Officiers, suivant l'exigence du cas.

91.

Choix du quartier.

Le régiment ou autre troupe qui arrivera dans une garnison, y prendra le quartier de celui qu'il remplacera.

92.

S'il y a plusieurs quartiers vides, il choisira celui qui lui conviendra le mieux, eu égard au nombre de bataillons ou d'escadrons dont il sera composé; & quand il y sera établi, il n'en pourra être déplacé, à l'occasion de l'arrivée d'un autre régiment, que dans le cas où il seroit nécessaire de resserrer le logement pour faire place à la nouvelle troupe.

93.

Si plusieurs régimens arrivent ensemble dans une même place, ils tireront au sort le quartier que chacun d'eux devra occuper, eu égard au nombre de bataillons ou d'escadrons dont ils seront composés, sans que le plus ancien puisse prétendre de choisir: la préférence sera seulement réservée aux régimens des Colonels généraux de la Cavalerie & des Dragons, vis-à-vis des régimens des mêmes Corps.

94.

Toutes exemptions & privilèges seront suspendus lorsqu'il s'agira des Troupes de la Maison du Roi; voulant Sa Majesté qu'elles soient distribuées dans les maisons les plus convenables, sans nulle exception pour quelque raison que ce puisse être.

95.

Logement des Gardes-du-corps.

Sa Majesté ayant réglé que les Gardes de son Corps seroient ordinaire par chambrée dans les lieux où ils seroient en quartier, Elle veut & entend que dans chaque ville où il y aura des brigades des Gardes-du-corps en quartier, il soit fait par les Maire & Échevins, de concert avec les Commissaires des compagnies, & sous l'autorité de l'Intendant de la province, un état du

logement

logement des Gardes de chaque brigade sur le pied complet, dont il sera remis une copie au Commandant de la brigade.

96.

LESDITS Maire & Échevins donneront tous les mois, composés de quatre semaines, de nouveaux billets de logement aux Gardes effectifs qui seront presens au quartier, de manière qu'ils soient logés successivement chez tous les habitans compris audit état, & que lacharge dudit logement soit également partagée entr'eux.

97.

SA MAJESTÉ voulant que les Gardes fassent ordinaire ensemble chez leurs hôtes, par chambrées composées de quatre Gardes chacune, chaque habitant qui aura un Garde logé chez lui, sera non-seulement obligé de lui fournir une chambre & un lit garni pendant quatre semaines; mais il aura encore à fournir pendant une de ces quatre semaines, seulement pour l'ordinaire de la chambrée de ce Garde, le feu pour cuire la viande & la soupe de ladite chambrée, sept chandelles des huit à la livre, huit serviettes, deux nappes, une marmite & les plats, assiettes, cuillers, fourchettes, siéges & autres ustensiles nécessaires pour la table.

98.

SA MAJESTÉ défend à ses Gardes de rien exiger de plus de leurs hôtes que ce qui est fixé par l'article ci-dessus, ni de rester chez eux plus long-temps qu'il ne sera porté par leur billet de logement, ou de faire difficulté d'accepter de nouveaux billets qui leur seront délivrés de quatre en quatre semaines.

99.

SI dans le nombre des logemens qui auront été marqués pour les Gardes, il s'en trouvoit quelques-uns qui ne fussent pas bons, ou qu'il ait été commis quelques abus de la part des Échevins sur le fait desdits logemens, les Commandans des brigades s'adresseront à

M

l'Intendant de la province, pour y pourvoir, & lesdits Échevins auront pareillement recours à lui dans les cas qui pourront l'exiger.

TITRE VII.

De l'ordre à observer pour commander les Gardes & Détachemens.

ARTICLE PREMIER.

Tours de service. IL y aura à l'avenir pour l'Infanterie, sept tours de service dans les places; le premier, pour la garde de la place, qui sera relevée journellement; le second, pour la garde des postes extérieurs, qui ne sera relevée qu'après un certain nombre de jours; le troisième, pour les détachemens & les escortes; le quatrième, pour les gardes d'honneur; le cinquième, pour les travailleurs dans les places assiégées; le sixième, pour les corvées; & le septième, pour les rondes.

Il y aura trois tours de service pour la Cavalerie & les Dragons; le premier, pour les gardes à cheval & les gardes d'honneur; le second, pour les détachemens; & le troisième, pour les gardes à pied.

2.

LES détachemens du premier tour de service dans l'Infanterie, seront mêlés d'escouades de bas Officiers & d'Officiers des différens régimens de la garnison; mais les détachemens des autres tours de service ne seront jamais composés que des Officiers, bas Officiers & Soldats des mêmes corps.

A l'égard du service de la Cavalerie & des Dragons, les postes ne seront point mêlés & seront toujours fournis par le même régiment.

3.

Égalité de service. CES différens services se feront par tous les régimens, tant françois qu'étrangers, qui seront dans la même place ou dans le même quartier; de manière qu'ils y fournissent tous également & alternativement selon leur rang.

4.

Rang pour commander les Officiers.

ILS commenceront toujours, pour les Officiers & bas Officiers, par la tête du bataillon, & recommenceront de même à chaque changement de garnison, sans que sous tel prétexte que ce soit, on puisse les commencer par les Officiers & Sergens de la queue.

Dans la Cavalerie & les Dragons, le service à cheval commencera par la tête, & le service à pied par la queue, & recommencera de même à chaque changement de garnison.

5.

DANS l'Infanterie, les Capitaines du même corps, seront commandés par ancienneté, & les Officiers subalternes par le rang des compagnies auxquelles ils seront attachés; mais dans la Cavalerie & les Dragons, les Capitaines, les Lieutenans & les Sous-lieutenans, seront commandés par ancienneté de brevets.

6.

Rang pour commander les bas Officiers & Soldats, Cavaliers ou Dragons.

LES Sergens & les Caporaux, les Maréchaux-des-logis & les Brigadiers, seront commandés par le rang des compagnies dont ils seront; mais pour que le nombre d'hommes que chaque compagnie devra fournir pour la garde ou pour tout autre service, soit composé d'anciens & de nouveaux Soldats, Cavaliers ou Dragons, le tour de service commencera toujours par la tête & par la queue de chaque compagnie.

7.

CHAQUE Soldat, Cavalier ou Dragon montera la garde à son tour, & ne pourra la monter pour un autre, à moins qu'il ne lui soit ordonné, pour faute commise ou autrement, par le Commandant du corps.

8.

AUCUN Capitaine d'Infanterie, de Cavalerie ou de Dragons, ne pourra être commandé deux fois pour le même tour de service, qu'après que tous les Capitaines de la garnison l'auront été chacun une fois; & il en sera usé de même pour les Lieutenans & autres Officiers subalternes.

9.

LES Officiers du plus ancien régiment de la garnison ou du quartier, ne pourront prétendre devoir être commandés tout de suite pour aucun tour de service avant ceux des Corps moins anciens, & ils seront tenus de se conformer à l'ordre établi pour faire servir alternativement & successivement un Officier de chaque Corps de la garnison ou du quartier.

10.

Officiers réformés.

LES Officiers réformés entretenus à la suite des places, n'y feront à l'avenir aucun service, de quelque nature qu'il puisse être, conformément à ce qui est prescrit par l'article 18 du Titre premier de la présente Instruction.

11.

Officiers de semestre, présens.

LES Officiers qui se trouveront à la garnison ou au quartier, pendant le temps qu'ils pourroient être absens par semestre ou par congé, seront tenus de faire les fonctions de leur charge de même que les autres Officiers.

12.

Détachement fait.

TOUTE troupe qui sera commandée pour aller en détachement, sera censée l'avoir fait après avoir passé la dernière barrière de la place ou du quartier.

13.

Tours de garde point changés.

LES Officiers ne pourront changer entr'eux leurs tours de garde ou de détachement.

14.

14.

Tour des absens, passé.

CEUX qui se seront trouvés absens lorsqu'ils auront dû marcher, ne reprendront point leur tour.

15.

Officiers incommodés.

LES Officiers commandés, qui se trouveront incommodés, en feront avertir le Major de la place ou du quartier & celui du régiment, pour qu'il en soit commandé d'autres à leur place.

16.

Différens services arrivant ensemble.

S'IL arrivoit qu'un Officier fût de plusieurs tours de service en même temps, il suivra de préférence le tour de service qui devra marcher le premier, & les autres tours seront censés passés pour lui.

17.

Capitaines & subalternes roulent.

LES Capitaines rouleront, s'il est nécessaire, avec les Officiers subalternes pour les gardes qu'ils auront à faire, de manière que les Capitaines relèvent les Officiers subalternes, lesquels pourront pareillement relever les Capitaines; mais on observera de donner aux Capitaines par préférence les postes les plus importans de la garnison.

18.

Exempts de garde

SERONT exempts de tous tours de garde & de ronde les Colonels, Mestres-de-camp, Lieutenans-colonels, Majors, Aides-majors, Sous-aides-majors, Quartiers-maîtres, Porte-drapeaux, Porte-étendards ou Porte-guidons, les Fourriers, les Tambours-majors & les Timbaliers, lesquels ne doivent monter la garde que lorsque leur régiment ou bataillon la monte en entier; bien entendu néanmoins que les Fourriers de toutes les compagnies les suivront lorsqu'elles marcheront en entier ou en détachement.

19.

LES Capitaines qui, au défaut des Officiers-majors des places, s'y trouveront commander, ou qui en l'absence des trois Officiers supérieurs de leur corps, c'est-à-dire, du Colonel ou Mestre-de-camp, du Lieutenant-colonel & du Major, commanderont par accident, un ou plusieurs bataillons ou escadrons, dont les compagnies seront réunies, jouiront aussi de la même exemption; laquelle ne pourra être prétendue par les Capitaines qui commanderont des bataillons ou escadrons, dont les compagnies seront dispersées.

20.

SERONT pareillement exempts de tous tours de garde, les Capitaines du régiment des Gardes-françoises & de celui des Gardes-suisses, lorsqu'ils se trouveront dans une place.

21.

Grenadiers.

LES Officiers & Soldats des compagnies de Grenadiers monteront la garde dans les places où ils seront en garnison, & le poste de la place d'armes leur sera affecté par préférence, autant qu'il sera possible.

22.

LES Grenadiers de France, feront le service avec les Grenadiers des autres régimens, sans être mêlés avec les Soldats factionnaires.

Il leur sera donné des postes dans la proportion où le corps se trouvera avec le reste de la garnison.

Les compagnies de ce corps, rouleront avec les compagnies de Grenadiers des autres régimens de la garnison, chacune prenant le rang de son corps.

23.

INDÉPENDAMMENT du service de la garde de la place, les Grenadiers, la Cavalerie & les Dragons feront tous les détachemens pour lesquels ils seront commandés, tant en dedans, qu'au dehors de la place.

24.

Corps-royal de l'Artillerie.

LES brigades du Corps-royal de l'Artillerie, se trouvant seules dans les places, y feront le service comme toute l'Infanterie, si le Commandant de ladite place le juge nécessaire; mais avec cette différence, que chaque brigade ne sera comptée que pour un demi-bataillon, attendu que Sa Majesté a bien voulu dispenser les Capitaines en pied & les Canonniers, Bombardiers & Sapeurs, de monter la garde, si ce n'est qu'il y ait nécessité; auquel cas ils exécuteront les ordres du Commandant de la place.

25.

LORSQU'AU contraire lesdites brigades du Corps-royal de l'Artillerie se trouveront dans les places avec d'autres Troupes, elles seront dispensées d'y monter la garde, ailleurs qu'au parc de l'Artillerie & à leur quartier; les Officiers & Soldats des compagnies de Mineurs & d'Ouvriers, soit qu'elles se trouvent seules dans les places ou avec d'autres Troupes, seront également dispensées de monter la garde, hors le cas de nécessité.

26.

TOUT bas Officier ou Soldat, Cavalier & Dragon qui, en sortant de l'hôpital, ne paroîtra pas parfaitement rétabli, ne sera commandé pour aucun service, qu'il n'ait repris ses forces, & qu'il ne soit en état de faire le service sans crainte d'une rechute.

TITRE VIII.

De la Garde, des Sentinelles & des Gardes aux Portes.

ARTICLE PREMIER.

La Garde renouvelée tous les jours.

LA Garde sera faite nuit & jour par l'Infanterie, la Cavalerie & les Dragons, dans les places de guerre & dans les quartiers; & elle sera relevée toutes les vingt-quatre heures.

2.

Comment réglée pour les Officiers,

EN temps de paix, la garde sera réglée tous les premiers

bas Officiers, Soldats, Cavaliers ou Dragons.

du mois, sur le nombre effectif des Soldats, Cavaliers ou Dragons, en état de faire le service & relativement au nombre des sentinelles qui seront absolument nécessaires ; les Majors des régimens se rendront à cet effet chez le Commandant supérieur de la place ; & après lui avoir remis un état de la situation actuelle de leur corps, le service sera réglé de manière que chaque Fusilier ou Grenadier ait six nuits de bonnes, & les Cavaliers ou Dragons douze nuits.

Sa Majesté entend qu'il soit défendu d'employer des sentinelles pour garder les herbages & les jardins sur les remparts, & veut qu'il n'y ait absolument sur lesdits remparts que le nombre de sentinelles nécessaires pour empêcher la dégradation des parapets, & pour observer pendant la nuit, de dessus les parapets, les dehors de la place & ce qui se passera dans les fossés.

3.

EN temps de guerre, le service sera réglé par les Commandans supérieurs des places, relativement à la sûreté de la place & à sa proximité de la frontière de l'ennemi, de façon cependant qu'autant qu'il sera possible les Soldats, Cavaliers ou Dragons sur cinq nuits, puissent en avoir quatre de bonnes.

4.

EN cas de siége, le Commandant supérieur d'une place disposera de sa garnison ainsi qu'il le jugera à propos pour tout ce qui concernera le service & la sûreté de la place.

5.

PERMET néanmoins Sa Majesté aux Commandans des provinces, dans les cas d'une nécessité absolue, d'augmenter le nombre d'hommes fixé pour la garde en temps de paix, relativement cependant à ce qui est réglé par l'article 2 du présent Titre ; entendant néanmoins qu'il soit rendu compte sur le champ par lesdits Commandans des provinces au Secrétaire d'Etat ayant le département de

la

la guerre, des motifs qui les auront engagés à augmenter le nombre d'hommes de garde.

6.

A l'égard du nombre des Officiers qui devront monter chaque jour la garde, il sera réglé par le Commandant supérieur de la place ou du quartier, de manière que les Capitaines d'Infanterie de la garnison n'aient pas moins d'onze ou douze nuits de bonnes, & les Officiers subalternes huit à neuf; & que les Capitaines de Cavalerie ou des Dragons aient quatorze ou quinze nuits de bonnes, & les Officiers subalternes onze à douze.

7.

Gardes des Grenadiers.

LES Grenadiers auront des postes séparés quand il y aura dans la place ou le quartier assez de compagnies de Grenadiers pour qu'elles puissent fournir chaque jour une garde de vingt-quatre Grenadiers, sans être plus fatigués que les autres Troupes de la garnison, & le poste de la place d'armes leur sera toujours affecté par préférence, conformément à ce qui est réglé par l'article 21 du Titre VII.

8.

S'IL y a assez de compagnies de Grenadiers dans une place pour fournir seuls le poste de la place d'armes, il sera toujours commandé par un Capitaine ou un Officier subalterne, qui rouleront ensemble pour ce commandement.

S'il n'y a point assez de compagnies de Grenadiers pour qu'elles puissent fournir seules le poste de la place d'armes, les Grenadiers seront alors mêlés avec des Fusiliers, qui fourniront le nombre d'hommes suffisant pour compléter le poste; & dans ce cas les Officiers & Sergens de Grenadiers rouleront avec les Officiers & Sergens de Fusiliers: bien entendu que les Grenadiers, quoique mêlés, auront toujours, par préférence & sans tirer, le poste de la place.

TITRE VIII.

Gardes des Fusiliers.

9.

CHAQUE bataillon fournira pour la garde depuis le premier Mai jusqu'au dernier Septembre, trois Sergens en six escouades, & pendant le reste de l'année deux Sergens & quatre escouades, de chacune desquelles le nombre d'hommes sera réglé par le Commandant supérieur de la place, relativement au nombre effectif d'hommes de la garnison, conformément à ce qui est réglé par l'article 2 du présent Titre.

10.

Garde de la Cavalerie ou Dragons.

LA garde de Cavalerie & de Dragons, sera de deux espèces; savoir, à pied ou à cheval.

11.

LA Cavalerie ou les Dragons qui monteront la garde à pied, auront dans les places ou quartiers des postes séparés de ceux de l'Infanterie; & s'il n'y a point d'Infanterie dans lesdites places ou quartiers, le Commandant de la place ou du quartier disposera les détachemens que la Cavalerie ou les Dragons devront fournir pour la garde, de manière qu'il y ait pour la police un poste sur la principale place, & s'il est possible une petite garde à chaque poste ou avenue.

12.

LA garde de Cavalerie ou de Dragons qui montera à cheval, sera placée sur la place d'armes pour se porter avec plus de célérité par-tout où elle sera nécessaire.

13.

ON désignera un endroit sur ladite place pour mettre à couvert les hommes & les chevaux de cette garde, & pour servir de corps-de-garde.

14.

IL y aura devant ce corps-de-garde une vedette ou sentinelle à pied, qui sera relevée toutes les deux heures.

15.

CETTE garde montera à cheval & se mettra en bataille sur la place d'armes à la fermeture & à l'ouverture des portes, & dans tous les cas d'alarme; elle fournira les bas Officiers & Cavaliers néceſſaires pour les découvertes & patrouilles de l'extérieur de la place.

16.

CETTE garde ſera fournie de toutes les compagnies du même régiment, mais le nombre d'hommes ſera réglé ſuivant le nombre effectif d'hommes ou de chevaux de la garniſon, conformément à ce qui eſt réglé par l'article 2 du préſent Titre.

17.

Garde de la caiſſe, drapeaux, étendards ou guidons.

INDÉPENDAMMENT de ce que chaque régiment devra fournir pour la garde de la place ou du quartier, il fournira tous les jours une Sentinelle ou un Cavalier à pied à la porte de la maiſon où la caiſſe, les drapeaux, étendards ou guidons & timbales ſeront dépoſés; & pour cet effet, il ſera commandé dans l'Infanterie, quatre hommes par jour avec un Appointé; & pour la Cavalerie quatre hommes avec un Carabinier, qui ſe tiendront au corps-de-garde le plus voiſin de ladite maiſon: ces hommes n'y feront point d'autre ſervice, & s'y rendront en droiture de leur quartier, tous les jours à dix heures & demie du matin; ceux qu'ils relèveront ſe retireront en même temps.

18.

Heure de battre & monter la garde.

ON battra la garde à neuf heures du matin en tout temps, & on s'arrangera de manière que les détachemens qui la compoſeront, défilent à midi précis de la parade générale pour aller occuper les poſtes où ils devront ſe rendre.

19.

Tambours commandés pour la battre.

A cet effet, le Tambour-major de chaque régiment d'Infanterie, aſſemblera à huit heures & demie tous les Tambours du régiment, & en fera l'inſpection pour examiner s'il manque quelque choſe à leur vêtement & équipement, & y fera pourvoir ſur le champ s'il eſt néceſſaire.

20.

L'INSPECTION finie, & auſſi-tôt que neuf heures ſonneront à la grande horloge de la ville, tous les Tambours battront la garde & l'aſſemblee dans le quartier de leur régiment.

21.

Officiers & bas Officiers nommés pour la garde.

LES Capitaines & autres Officiers qui devront monter la garde, ſeront nommés la veille à l'ordre par le Major de la place ou du quartier; les bas Officiers le ſeront auſſi la veille au cercle de leur régiment.

22.

Regiſtre des poſtes.

LE Major de la place ou du quartier, tiendra un regiſtre par colonnes, deſtiné à être rempli des noms des poſtes & de ceux des Officiers, Sergens, Maréchaux-des-logis, Caporaux & Brigadiers qui devront les commander.

23.

LORSQUE le Major d'un quartier, où il y aura de la Cavalerie ou des Dragons, en partira pour ſuivre ſon régiment, il remettra ce regiſtre au Major qui le relèvera; mais s'il ne doit être relevé par perſonne, il laiſſera ledit regiſtre au Maire ou autre Officier municipal dudit quartier, qui ſera tenu de le remettre au Major du premier régiment qui viendra par la ſuite occuper le même quartier.

24.

LES Fourriers des compagnise dont on aura nommé la veille à l'ordre quelque Officier, Sergent ou Caporal, Maréchal-des-logis ou Brigadier pour la garde, ſe rendront à neuf heures & demie au lieu deſtiné pour tirer les poſtes, où ſe trouvera le Major de la place ou du quartier, & à ſon défaut un Aide-major de ladite place..

25.

Manière de tirer les poſtes.

IL ſera fait autant de billets qu'il y aura de poſtes & d'eſcouades commandées pour la garde, ſur leſquels billets les noms des poſtes ſeront écrits; ceux des Capitaines

ſeront

feront mis à part dans un chapeau, qui fera préfenté aux Fourriers qui devront tirer pour lefdits Capitaines, par le moins ancien Fourrier du moins ancien régiment de la garnifon ou du quartier, & le Fourrier du plus ancien régiment tirera le premier & ainfi fucceffivement; & à mefure que l'on tirera chaque billet, il fera écrit fur les regiftres du Major; il en fera ufé de même pour les Officiers fubalternes, pour les Sergens & les Caporaux, les Maréchaux-des-logis & les Brigadiers.

26.

Il n'y aura point au même pofte plufieurs efcouades du même régiment.

DANS les places où il y aura plufieurs régimens en garnifon, le Major en faifant tirer les efcouades au fort, aura attention qu'il n'y ait pas plufieurs efcouades d'un même régiment dans un même pofte; & qu'aux avancées, s'il n'y a qu'une efcouade, elle foit compofée de Soldats de deux régimens ou de deux compagnies differentes.

27.

Chaque efcouade gardera le pofte que le fort lui aura fixé.

AUCUNE efcouade ne pourra prétendre d'autre pofte que celui qui lui fera échu par le fort, de quelque ancienneté que foit le corps dont elle aura été détachée, ou quelque commandement que pût avoir fur les autres l'Officier qui la commandera.

28.

Gardes-françoifes & fuiffes.

LORSQUE les régimens des Gardes-françoifes & Suiffes fe trouveront en garnifon dans les places avec d'autres Troupes, il leur fera départi par le Commandant fupérieur de la place, des poftes de choix, pour y faire la garde en tel nombre qu'il conviendra, pour qu'ils faffent un fervice égal & proportionné à celui des autres Troupes de la garnifon.

29.

CES deux régimens tireront chaque jour au fort, pour favoir auxquels des poftes affectés à chacun de ces deux corps, chaque efcouade devra monter.

30.

LORSQUE dans une place où il n'y aura point de

compagnies du régiment des Gardes-françoises, il s'en trouvera du régiment des Gardes-suisses avec d'autres Troupes, les deux premières compagnies françoises de la garnison, prendront la droite sur lesdites compagnies des Gardes-suisses & feront le service avec elles, comme feroient les compagnies des Gardes-françoises.

31.

A neuf heures le Caporal de chaque escouade qui devra fournir des hommes pour la garde, en fera l'inspection, en se conformant à ce qui est prescrit par l'Ordonnance de l'Exercice; & si quelque Soldat se trouve en faute, il sera à la descente de la garde condamné à faire toutes les corvées de sa chambrée jusqu'à sa première garde.

32.

Immédiatement après, le Sergent fera une seconde inspection, délivrera à chaque Soldat trois cartouches à balle, & si le Sergent trouve quelqu'un en faute, il mettra le Caporal à cinq sous d'amende.

33.

A dix heures les Soldats iront manger la soupe: pendant ce temps-là tous les Lieutenans ou Sous-lieutenans du régiment qui ne seront pas commandés pour un autre service, se trouveront alternativement au quartier; ils y feront la visite des chambres de leur compagnie, verront manger la soupe aux Soldats qui la composent; ils examineront avec soin si l'argent du prest destiné à faire ordinaire y est exactement employé; ils verront si les Soldats qui ne doivent pas monter la garde, sont dans l'état de propreté convenable, & si tout est en ordre dans les chambrées; ils en rendront compte à leur Capitaine sur la place d'armes à la parade.

34.

A l'égard des Cavaliers & Dragrons, ils mangeront la soupe à neuf heures, & ceux qui devront monter la garde à cheval, selleront leurs chevaux, s'habilleront & se tiendront prêts à sortir au premier appel; le Maréchal-des-logis qui en sera l'inspection, délivrera à chaque Cavalier cinq cartouches à balles & quatre à chaque Dragon, tant pour leurs mousqueton & fusil que pour leurs pistolest.

35.

AVANT l'assemblée des gardes, les Lieutenans ou Sous-lieutenans dans l'Infanterie, feront une troisième inspection; & s'il manque quelque chose à l'habillement & armement, ainsi qu'au nombre de cartouches ordonnées, ils mettront le Sergent à l'amende de dix sous, ensuite ils feront les commandemens nécessaires pour faire marcher chaque escouade dans le plus grand ordre au rendez-vous indiqué pour l'assemblée de la garde du régiment.

36.

Assemblée particulière de la garde de chaque régiment.

TOUS les Capitaines & Officiers subalternes qui devront monter la garde, se trouveront alors au rendez-vous; les Fourriers des compagnies qui fourniront des Officiers, Sergens & Caporaux, s'y trouveront en même-temps, pour leur remettre à chacun un billet, sur lequel sera écrit le nom du poste qui leur sera échu par le sort, & auquel ils devront monter.

Les Officiers de Cavalerie & les Maréchaux-des-logis, commandés pour monter la garde à pied ou à cheval, ne seront armés que d'un sabre.

37.

L'AIDE-MAJOR ou le Sous-aide-major de chaque bataillon, formera en bataille le détachement que ce bataillon devra fournir pour la garde, & le réunira à ceux des autres bataillons du régiment; pour lors les Officiers & Sergens qui devront la monter, se placeront à la tête de ce détachement, les Sergens à deux pas en avant du premier rang, & les Officiers à quatre.

38.

Inspection des Officiers supérieurs des régimens.

APRÈS que ces détachemens seront réunis, le Colonel ou Mestre-de-camp, le Lieutenant-colonel ou le Major, qui rouleront entr'eux pour ce ſervice, & à leur défaut; le plus ancien Capitaine qui ſera commandé à cet effet, fera l'inſpection générale de la garde de ſon régiment; & ſi tout n'eſt pas en règle, il s'en prendra au Lieutenant ou au Sous-lieutenant de la diviſion dont ſera le bas Officier ou le Soldat auquel il aura manqué quelque choſe, & le punira par une amende de trois livres.

39.

IL examinera en même temps ſi les Officiers commandés pour monter la garde, ſont de tout point dans l'état convenable.

40.

TOUTES les amendes ſeront miſes à la Maſſe du linge & chauſſure des Soldats, Cavaliers ou Dragons.

41.

L'INSPECTION générale étant faite, l'Officier ſupérieur fera diſpoſer toute la garde de ſon régiment, comme ſi c'étoit un bataillon, la fera marquer par demi-rang & par quart de rang, ſuivant ſa force, & attachera enſuite à chaque diviſion, un nombre égal, autant qu'il ſera poſſible, d'Officiers & de Sergens; après quoi il ordonnera à l'Officier de cette garde, le premier ou le plus ancien en grade, de lui faire mettre la baïonnette au bout du fuſil; on en uſera de même pour les détachemens de Dragons qui devront monter la garde à pied: mais ſi c'eſt une garde à cheval, ſoit de Cavalerie ou de Dragons, l'Officier ſupérieur la fera diſpoſer ainſi qu'il eſt preſcrit par l'Inſtruction qui règle l'exercice de la Cavalerie.

42.

LORSQU'IL ſera temps de faire partir cette garde, l'Officier ſupérieur ordonnera de la mettre en colonne ſur un front proportionné à la largeur des rues par leſquelles elle devra paſſer, de lui faire ouvrir ſes rangs à deux pas de diſtance, & de lui faire porter les armes ou le mouſqueton au bras; à l'égard de la garde de Cavalerie ou de

Dragons

Dragons qui ſera à cheval, on lui ſera remettre le ſabre dans le fourreau.

43.

UN Aide-major ou Sous-aide-major ſe mettra à la tête de cette garde, ſuivi de tous les Tambours qui marcheront ſur pluſieurs rangs, le Tambour-major à la tête des Tambours.

44.

Aſſemblée générale des Gardes de la place ou du quartier.

CETTE garde marchera dans cet ordre, en règle & dans le plus grand ſilence, ſans battre ni ſonner la marche, juſqu'à cinquante pas de la place d'armes; après quoi ledit Aide-major ou Sous-aide-major, s'il eſt ſupérieur en grade, ou le premier des Officiers de garde, s'il eſt l'ancien de cet Officier-major, fera à la garde de ſon régiment, les commandemens néceſſaires pour porter les armes & le mouſqueton, ſi la garde de Cavalerie eſt à pied, ou pour mettre le ſabre à la main, ſi elle eſt à cheval; il ordonnera en même temps aux Tambours de battre aux champs, & au Trompette de ſonner la marche; il conduira enſuite la garde ſur le terrain de la place d'armes, deſtiné à l'aſſemblée générale des gardes, où après l'avoir formée en bataille, il la remettra à un Aide-major de la place, qui s'y trouvera pour la recevoir.

45.

IL ſera mis ſur les murs d'une des grandes faces de la place d'armes, des inſcriptions qui contiendront les noms de chaque poſte où on devra monter la garde.

46.

LES détachemens de chaque régiment étant arrivés, comme il a été dit ci-deſſus, au rendez-vous de l'aſſemblée générale des gardes, & y ayant été mis en bataille, le dos tourné au mur où ſeront les inſcriptions, les Officiers-majors de la place ou du quartier, qui s'y feront trouvés pour les recevoir, en feront une nouvelle inſpection, & examineront ſi chaque régiment a fourni le nombre d'Officiers, bas Officiers, Soldats, Cavaliers ou Dragons, fixé, & si tout est en règle; ils indiqueront alors auxdits Officiers & bas Officiers, les escouades que chacun d'eux aura à conduire dans les postes où ils devront commander.

47.

UN desdits Officiers-majors de la place ou du quartier, ordonnera ensuite à chacun des détachemens pour les nouvelles gardes, de faire *demi-tour à droite*, & de faire *haut les armes* ou *le mousqueton*, & chaque escouade ira poser ses armes ou mousqueton au-dessous du nom du poste dont elle devra être.

48.

SI le détachement de Cavalerie est à cheval, le Commandant lui fera les commandemens nécessaires pour remettre le sabre dans le fourreau, & ensuite mettre pied à terre, sans néanmoins qu'aucun Cavalier ou Dragon puisse alors quitter son rang, hors des cas de nécessité.

49.

LE Tambour-major & tous les Tambours qui auront accompagné la garde de leur régiment jusqu'au rendez-vous de l'assemblée générale des gardes de la place ou du quartier, ne se retireront que lorsque la garde générale aura défilé de dessus la place d'armes, & ils seront ramenés en ordre à leur logement par le Tambour-major ou par le plus ancien d'entr'eux qui se mettra à leur tête.

50.

PENDANT le froid & les mauvais temps, on ordonnera de monter la garde en guêtres noires & de boutonner les habits, mais on en avertira à l'ordre, afin que toute la garnison soit uniforme.

51.

LORSQUE dans un même poste, il se rencontrera des escouades de régimens françois & étrangers, les escouades du plus ancien régiment françois, prendront rang sur celles du régiment étranger, quoique plus ancien.

52.

LES escouades ainsi rangées par les Officiers de l'Étmajor de la place, ſuivant les poſtes qui leur ſeront échus, & lorſque l'heure approchera pour monter la garde, le Major de la place ordonnera aux Tambours d'appeler, & la garde ſe formera en bataille, à rangs ſerrés, chaque Officier ſe mettant à ſon poſte; elle tournera le dos au mur des inſcriptions, & le troiſième rang en ſera à quatre pas; s'il y a des détachemens de Cavalerie ou de Dragons, ſoit qu'ils montent la garde à pied ou à cheval, on les placera à la gauche de l'Infanterie.

53.

LE Major de la place fera enſuite marquer les diviſions pour pouvoir faire rompre le bataillon que la garde formera.

54.

LORSQU'IL y aura pluſieurs petits poſtes, on les joindra les uns aux autres, afin que les diviſions ſoient à peu près égales, & ils marcheront enſemble, juſqu'à ce qu'après avoir défilé devant l'Officier général, & à ſon défaut, le Commandant ſupérieurde la place, ils arrivent dans lesendroits où ils auront différens chemins à prendre.

55.

LES Tambours de tous les régimens de la garniſon, commandés pour ſe trouver à la garde, ſe partageront en deux troupes, dont l'une ſera placée ſur le flanc droit & l'autre ſur le flanc gauche de la garde.

56.

LORSQUE les gardes ſeront prêtes à ſe mettre en marche pour ſe porter ſur le terrain d'où elles devront défiler, le Major de la place le fera ſavoir par un Officier-major de ladite place, au Commandant ſupérieur de la place; un Sergent ira avertir le Gouverneur & le Lieutenant de Roi, s'il y a un Commandant ſupérieur.

57.

PENDANT ce temps-là l'Officier commandant le poſte de l'ancienne garde qui ſera ſur la place d'armes, lui ſera prendre les armes, & il fera débarraſſer la place de tout ce qui pourroit empêcher que les nouvelles gardes ne s'y missent en bataille & y fissent les évolutions nécessaires.

Il fera aussi placer des Sentinelles autour du terrain que lesdites nouvelles gardes devront occuper, & assez en avant d'elles pour que leur front soit libre de manière à pouvoir y manœuvrer, & que la populace ne s'y mêle point avec les Officiers.

58.

TOUTES les fois que le Major ou un Aide-major de la place ou du quartier, se mettra à la tête de la garde pour la conduire ou lui faire quelque commandement, il sera tenu d'avoir l'épée à la main.

59.

TOUTES ces dispositions étant faites, le Major de la place fera faire un roulement par les Tambours, pour servir de signal aux Officiers, bas Officiers & Soldats, de porter leurs armes & de se tenir en règle, après lequel il fera le commandement, *marche*.

60.

A ce commandement, toute la garde marchera en bataille, bien alignée, pour se porter sur l'emplacement d'où elle devra partir pour défiler; le premier rang de la garde de Cavalerie ou de Dragons à cheval, aligné à hauteur du premier rang de l'Infanterie; les Tambours battront aux champs & le Trompette sonnera la marche; lorsque la garde sera arrivée sur le terrain qu'elle doit occuper, le Major lui fera faire *halte*.

61.

Présence des Officiers généraux, de ceux de l'État-major de la place & de tous les Officiers de la garnison à la parade.

LES Officiers généraux, le Commandant & les autres Officiers de l'État-major de la place ou du quartier, ne pourront se dispenser de se trouver tous les jours sur la place d'armes à la parade, à moins que leur présence ne fût absolument nécessaire ailleurs pour le bien du service.

62.

TOUS les Officiers d'un régiment qui sera dans une

place

place ou dans un quartier, feront tenus, fans exception quelconque, depuis le Colonel ou le Meſtre-de-camp, juſqu'au dernier Porte-drapeau, Porte-étendard ou Porte-guidon, de ſe trouver pareillement à la parade, à moins qu'ils ne ſoient occupés à leurs exercices ou commandés pour quelqu'autre ſervice; les Officiers des régimens de Cavalerie ou de Dragons, y ſeront à pied, quoique la garde de leur régiment ſoit à cheval.

63.

LES Lieutenans rendront alors compte à leurs Capitaines, de l'état de leur compagnie, les Capitaines au Major, celui-ci au Lieutenant-colonel, le Lieutenant-colonel au Colonel ou Meſtre-de-camp, & ces derniers au Commandant ſupérieur de la place.

64.

DÈS que les nouvelles gardes arriveront ſur le terrain d'où elles doivent défiler, les Officiers de la garniſon s'y rangeront ſur pluſieurs rangs, bien alignés & par ancienneté de régiment, derrière les Commandans de leur Corps, qui ſe placeront entr'eux dans l'ordre que devroit être placé leur régiment ſi la garniſon entière étoit en bataille.

65.

LORSQUE leſdits Officiers de la garniſon ne pourront, pour raiſon de maladie, ſe trouver à la parade, ils en feront avertir le Major de la place ou du quartier & celui de leur régiment, afin qu'il en ſoit rendu compte au Commandant ſupérieur de la place ou du quartier & au Commandant du corps.

66.

État de la garde.

LES nouvelles gardes étant en bataille, le Major de la place fera ouvrir les rangs à quatre pas de diſtance, & il remettra un état de la garde au Commandant ſupérieur de la place.

67.

Dernière inſpection de la garde.

ALORS le Commandant ſupérieur de la place fera

une dernière inſpection des nouvelles gardes; il pourra, s'il le juge à propos, ſe faire aider dans cette inſpection par le Commandant & le Major de la place, qui verront chacun un rang; s'il ſe trouve, en faiſant cette dernière inſpection, que tout ne ſoit pas en règle, le Commandant ſupérieur de la place en rendra reſponſable le Commandant du corps dans lequel il aura manqué quelque choſe.

68

LES nouvelles gardes ſeront conduites aux poſtes où elles devront ſe rendre, par des Soldats d'ordonnance, détachés des anciennes gardes de ces poſtes, leſquels Soldats d'ordonnance ſe trouveront ſur la place d'armes une demi-heure avant que la nouvelle garde y arrive, pour prendre du Caporal de conſigne de la garde de la place, les boîtes & les regiſtres des rondes affectés à leurs poſtes, & les remettre au Caporal de conſigne de la nouvelle garde qu'ils doivent conduire: en arrivant au poſte, ce Caporal ſera tenu de les placer à leur deſtination.

69.

LES Commandans des petits poſtes, détachés de poſtes plus conſidérables, enverront leurs ordonnances au poſte principal dont ils ſeront.

70.

PENDANT que le Commandant ſupérieur de la place ſera l'inſpection preſcrite par l'article 72, un Officier-major de la place aura ſoin de placer ces ordonnances ſur une même ligne, à vingt pas des gardes, vis-à-vis du détachement qu'elles devront conduire, lui faiſant face.

Lorſque la garde ſe rompra, ces ordonnances marcheront chacune à quatre pas en avant du détachement qu'elles conduiront.

71.

CETTE dernière inſpection étant faite, le Commandant ſupérieur de la place, ordonnera au Major de ladite place ou à tel autre Officier qu'il jugera à propos, de faire charger le fusil aux Soldats; les Officiers & Sergens ayant attention à ce que chaque Soldat le charge bien.

72.

Départ des Gardes.

APRÈS que les fusils seront chargés, & que tous les Officiers & bas Officiers auront repris leur poste, le Commandant supérieur de la place ordonnera de faire défiler les gardes; alors le Major de la place fera faire par les Tambours un roulement qui servira de signal aux Officiers, bas Officiers, Soldats, Cavaliers ou Dragons, de se tenir en règle à leur poste; ledit Major fera ensuite les commandemens nécessaires pour faire serrer les rangs & mettre la garde en colonne, afin de la faire défiler.

73.

SI le terrain ne permet pas aux nouvelles gardes de se rompre par un seul & même mouvement, chaque division défilera l'une après l'autre, lorsque le Major de la place lui fera le commandement, *marche*.

74.

DÈS que les nouvelles gardes commenceront à défiler, les Tambours battront aux champs, & ils ne cesseront de battre qu'après que la dernière division aura pris le chemin de son poste, le Trompette sonnera la marche, à moins que l'Officier général n'en ordonne autrement.

75.

LORSQU'IL y aura deux Officiers dans la même division, le moins ancien en prendra la queue en défilant; s'il y a deux Sergens, le premier se placera à la droite du premier rang, & le second à la gauche du dernier; les rangs observeront entr'eux quatre pas de distance, & le Tambour, s'il y en a un, marchera sur la droite aligné au premier rang.

Tous les Commandans des postes marcheront à la tête de leur poste, à deux pas du premier rang.

76.

CONFORMÉMENT à ce qui a été prescrit par l'Ordonnance qui règle l'Exercice, les Officiers & Sergens n'ôteront point leur chapeau en défilant devant le Commandant supérieur de la place, & le regarderont en face.

A l'égard des détachemens de Cavalerie qui monteront la garde à cheval, ils défileront de même sans saluer.

77.

LES gardes, tant en allant de la place d'armes à leur poste, qu'en revenant de leur poste à la place d'armes, marcheront au pas ordinaire & en bon ordre; les Officiers & bas Officiers qui les conduiront, auront attention de regarder souvent leurs divisions, pour voir si elles observent le silence, si elles portent bien leurs armes, & si elles marchent dans le plus grand ordre; lesdits Officiers & bas Officiers seront responsables de ce que leurs Soldats, Cavaliers ou Dragons ne se négligent en rien; & les Officiers de l'État-major de la place, ainsi que les Officiers supérieurs des Corps, veilleront & tiendront la main à ce que lesdits Officiers & bas Officiers de garde ne se négligent pas eux-mêmes à cet égard.

78.

QUAND un Officier-major de la place verra quelque Officier ou bas-Officier conduire sa troupe en désordre & sans exactitude, il en rendra compte sur le champ au Commandant supérieur de la place, qui donnera ses ordres pour faire punir ledit Officier ou bas Officier à la descente de la garde.

79.

Arrivée des nouvelles Gardes à leurs postes.

LORSQUE la nouvelle garde approchera du poste qui lui sera échu, les Officiers ou bas Officiers qui commanderont l'ancienne garde, lui feront prendre les armes ou monter à cheval, & la feront ranger de manière qu'elle laisse sur la droite, le terrain nécessaire pour que la nouvelle garde puisse se former; le Tambour & le Trompette, s'il y en a, battront & sonneront la marche.

80.

LES gardes d'Infanterie ou de Dragons à pied, qui ne seront composées que d'une escouade, se mettront en haie; celles

celles qui feront compofées de deux efcoüades, fe formeront fur deux rangs; celles de trois efcouades & au-deffus, fur trois rangs.

Les gardes de Cavalerie, foit à pied ou à cheval, ne feront jamais formées que fur un ou deux rangs.

81.

DE quelque nombre d'hommes que foit compofée une garde, elle fera toujours partagée en quatre divifions, afin que fi les circonftances exigent qu'une garde tire, elle ne fe dégarniffe pas à la fois de tout fon feu.

82.

TOUT bas Officier, Commandant d'un pofte, fe placera toujours fur le flanc droit de fa garde, lorfqu'elle fera fous les armes; mais fi c'eft un Officier qui commande cette garde, il fe placera devant le centre, à deux pas en avant du premier rang, & s'il y a un Tambour, il fe placera à la droite de ladite garde.

83.

TOUTES les fois que les gardes auront à prendre les armes ou à fe montrer hors du corps-de-garde, elles fe rangeront toujours dans le même ordre & de la même manière.

84.

SI les gardes doivent être en haie, & que le terrain ne permette pas à la nouvelle garde de fe former à la droite de l'ancienne, celle-ci fe placera en avant du corps-de-garde, & y faifant face à quelque diftance, pour laiffer la place à la nouvelle de fe former entre l'ancienne garde & ledit corps-de-garde.

85.

LES Officiers, Sergens & Maréchaux-des-logis des deux gardes, s'avanceront alors les uns vers les autres, pour que ceux de la garde defcendante puiffent donner la configne à ceux de la garde montante.

86.

Caporal de consigne.

LE Commandant de la garde montante ordonnera ensuite au Caporal ou au Brigadier de la première escouade, d'aller prendre possession du corps-de-garde.

87.

CE Caporal ou Brigadier de la première escouade d'un poste, sera toujours le Caporal ou Brigadier de consigne.

88.

DANS les postes où il ne montera qu'une escouade, le Caporal de cette escouade sera en même temps le Caporal de consigne.

89.

Visite des corps-de-garde.

LE Caporal ou Brigadier de consigne de la garde montante, visitera avec celui de la garde descendante, les corps-de-garde, bancs, tables, vitres, falots, guérites & toutes les autres choses consignées, pour voir si elles sont en bon état ou s'il y aura été commis des dégradations, auquel cas il en sera rendu compte au Major de la place ou du quartier, qui en avertira le Commandant supérieur de la place, pour faire réparer lesdites dégradations, aux dépens des Officiers & bas Officiers de la garde descendante.

90.

LES Caporaux ou Brigadiers de consigne, répondront des dégradations faites aux choses qui leur seront consignées.

91.

LES sentinelles ou vedettes qui auront fait ou souffert qu'on fît quelques dégradations & ordures aux environs de leur poste, seront punis à la descente de la garde, conformément à ce qui est prescrit par l'Ordonnance concernant les crimes & délits militaires.

92.

LES Caporaux ou Brigadiers de consigne, seront

aussi chargés d'envoyer chercher par des Soldats de la garde, les différentes choses qui doivent être fournies dans les corps-de-garde; les Soldats tireront entr'eux, ceux qui devront faire les corvées; ceux-ci ne pourront quitter leur porte-cartouche quand ils iront faire ces corvées, mais ils ne porteront jamais le bois ou le charbon sur leurs épaules, & il y aura toujours dans chaque poste un brancard, brouette ou panier destiné à cet usage.

93.

LES Caporaux & Brigadiers d'un même poste, partageront entr'eux le temps de leur garde, en sorte qu'ils aient un service égal à faire entr'eux, soit de jour, soit de nuit; ils règleront pareillement le temps de la garde des Soldats, Cavaliers ou Dragons, de manière qu'ils aient autant d'heures de faction à faire les uns que les autres; & lorsque ce partage ne pourra se faire exactement, le sort en décidera.

94.

Caporal de pose.

LE Caporal ou Brigadier chargé de poser les sentinelles ou vedettes, s'appellera le Caporal ou le Brigadier de pose, pendant le temps qu'il sera en cette fonction; il prendra la consigne de celui qui aura fait la pose précédente, & ils iront ensemble relever les anciennes sentinelles ou vedettes, & poser les nouvelles.

95.

UN Caporal commandant un petit poste, pourra se faire aider pour poser & relever les sentinelles, par l'Appointé ou le plus ancien Soldat, qu'il exemptera de faction.

96.

LES consignes générales & particulières de chaque poste, seront par écrit, collées sur une planche dans le corps-de-garde du Commandant de poste, & les Caporaux & Brigadiers de consigne, se les consigneront successivement de l'un à l'autre, afin que les Officiers & bas Officiers soient instruits de ce qu'ils auront à faire.

S'il y a dans la place des régimens étrangers, il y aura des traductions des consignes dans leur langue, qui seront collées sur une planche séparée.

Celles qui concerneront les fonctions des bas Officiers & celles des sentinelles ou vedettes, seront pareillement par écrit, collées sur une planche & déposées dans le corps-de-garde des Soldats, Cavaliers ou Dragons, avec la traduction.

97.

TOUTES les fois qu'il y aura des escouades de régimens françois & étrangers dans la même garde, il y aura toujours un Caporal françois & un étranger, de pose; & soit qu'une sentinelle françoise doive relever une sentinelle étrangère, ou qu'une étrangère doive relever une françoise, il s'y trouvera toujours un Caporal de chaque nation.

98.

QUAND il y aura dans une place, des régimens françois & étrangers, un Officier-major ou autre Officier de chaque régiment étranger, sera commandé journellement à l'ordre du régiment, pour aller, après la garde montée, aux postes où il y aura des escouades de leur régiment, pour examiner si les Caporaux ont bien compris & retenu la consigne; & s'il est nécessaire, il leur adjoindra un Soldat du régiment qui entende les deux langues.

99.

APRÈS que la visite du poste aura été faite par les Caporaux ou Brigadiers de consigne de la nouvelle & de l'ancienne garde, & qu'ils les auront rejointes, le Commandant de la garde montante, fera le commandement suivant :

Première pose, en avant.

A ce commandement, le Caporal ou le Brigadier de la première pose, & les Soldats, Cavaliers ou Dragons destinés à aller en faction, sortiront des rangs, pour en former un en avant de la garde; le Caporal ou le Brigadier de pose les numérotera, & le Commandant de la garde ordonnera au Caporal ou au Brigadier d'aller relever, comme il sera expliqué ci-après, les sentinelles ou vedettes de l'ancienne garde; alors ce Caporal ou Brigadier de pose, & celui de la garde descendante, relèveront les anciennes sentinelles ou vedettes, en les écoutant attentivement lorsqu'elles donneront la consigne aux nouvelles sentinelles ou vedettes, pour qu'elles n'en omettent aucun point: après quoi, le Caporal ou le Brigadier de la garde descendante ramenant les sentinelles ou les vedettes relevées, les deux Caporaux ou Brigadiers de pose rendront compte à leur retour, chacun au Commandant de leur garde, de l'état dans lequel ils auront trouvé les postes de ces sentinelles ou vedettes.

100.

LES sentinelles ou vedettes de cette première pose, seront toujours fournies par les premières escouades du poste, & ainsi de suite.

101.

PENDANT qu'on relèvera les sentinelles de l'ancienne garde, le Commandant de la nouvelle & de l'ancienne garde visiteront ensemble les flancs & les avenues du poste, & celui qui relèvera, prendra de l'autre tous les éclaircissemens nécessaires pour se procurer une connoissance parfaite de son poste.

102.

LES Sergens, Maréchaux-des-logis, Caporaux & Brigadiers qui auront été détachés d'une garde, la rejoindront dès qu'ils auront été relevés par un nouveau détachement.

A leur retour ils rendront compte à l'Officier commandant ladite garde, & lui feront voir leurs Soldats, Cavaliers ou Dragons, & ledit Commandant ne retournera point sur la place d'armes que tout ce qui a été détaché de sa garde n'y soit rentré & n'y ait repris son rang. Au départ de l'ancienne garde, les Tambours des deux gardes battront aux champs & les Trompettes sonneront la marche.

103.

Il y aura sur la place d'armes un Officier-major de la place pour vérifier, à l'arrivée des détachemens de la garde descendante, s'il s'y trouvera le même nombre d'hommes qui aura monté la garde; & s'il en manquoit quelqu'un, il en rendra compte au Commandant supérieur de la place, qui fera punir l'homme qui aura manqué & le Commandant du poste, s'il ne l'a pas dénoncé audit Officier-major de la place en arrivant sur la place d'armes, lequel Commandant du poste sera pareillement tenu de dénoncer les Soldats de leurs gardes qui auront manqué à leur devoir; & s'il manque à les dénoncer, il sera mis aux arrêts pour quinze jours.

104.

Dans les places d'une très-grande étendue, il sera affecté, à portée de chaque quartier de la ville, une place ou autre terrain où les gardes de cette partie de la ville puissent descendre la parade sans être obligées à cet effet de revenir sur la place d'armes, & il s'y trouvera pareillement un Officier-major de la place.

105.

Les Officiers qui descendront la garde, ne pourront quitter leur détachement avant qu'ils soient arrivés sur le lieu indiqué pour la descente de la parade. Après que l'Officier-major de la place y aura vérifié, comme il vient d'être dit ci-dessus, s'il ne leur manque personne, & qu'ils l'auront informé de ce qui auroit pu arriver dans leur poste, depuis l'ouverture des portes, ils feront les commandemens nécessaires pour remettre la baïonnette en son lieu & porter l'arme au bras, & ordonneront aux Sergens & Caporaux, de conduire aux quartiers leur escouade, en bon ordre; les Sergens & Caporaux commandans de petits postes qui ne seront point détachés de postes plus considérables, observeront la même chose.

A l'égard des gardes de Cavalerie, elles se rendront directement à leurs quartiers, sans descendre la parade sur aucune place.

106.

Décharge des armes.

LORSQU'APRÈS avoir descendu la garde, les Soldats, Cavaliers ou Dragons rentreront dans leurs casernes ou logemens; les Caporaux ou Brigadiers de leur escouade, leur feront décharger leurs armes avec des tire-bourres, tant pour conserver les munitions que pour prévenir les désordres.

Ils leur feront aussi prendre soin de leurs chevaux, éclaircir leurs armes, blanchir ou colorer leur buffleterie, battre & nettoyer leurs habits, vestes, chapeaux & le reste de leur habillement, équipement & harnachement, de manière qu'en peu de temps ils soient en état de paroître convenablement sous les armes ou à cheval, si cela devenoit nécessaire.

S'il y avoit quelque chose de cassé à leur armement, à leur équipement & à leur harnachement, ils en avertiront sur le champ, afin que sur le compte qui en sera rendu, tout soit réparé, ou pour qu'on fasse examiner par le Maréchal, les chevaux malades.

107.

Obligation des Officiers de garde.

APRÈS le départ de l'ancienne garde, le Commandant de la nouvelle lui fera faire *demi-tour à droite*, après que l'autre se sera éloignée de cent pas, & ensuite *haut les armes*, pour les placer par escouade au ratelier des armes du corps-de-garde; le Commandant de la nouvelle garde de Cavalerie, fera remettre le sabre dans le fourreau, & fera les commandemens nécessaires pour faire mettre pied à terre à sa troupe, & lui ordonnera de mettre les chevaux dans l'écurie du corps-de-garde.

108.

LES Officiers de garde seront obligés de rester à

leur poste & d'y faire leurs repas, sans pouvoir s'en absenter, sous tel prétexte que ce soit; ils ne quitteront point leur épée ni leur hausse-col, pendant tout le temps qu'ils seront de garde, les Officiers de Cavalerie ou de Dragons ne quitteront pas leurs bottes.

109.

Il n'y aura dans leur corps-de-garde qu'un fauteuil de cuir & une table de bois, sans qu'il soit jamais permis d'y faire porter d'autres meubles.

110.

Il sera défendu à tout Commandant d'une garde, de donner à boire ou à manger dans son poste à qui que ce soit, qu'à ceux qui seront de garde avec lui.

111.

Il sera pareillement défendu à tout Officier de garde, de jouer dans son poste avec qui que ce soit, ou d'y laisser jouer.

112.

Tout Officier ou Commandant d'un poste, sera tenu au contraire, de veiller sans relâche pendant la durée de sa garde, sur les Soldats, Cavaliers ou Dragons de son poste, pour leur faire remplir tous leurs devoirs; il ne leur permettra point de rester toujours renfermés dans le corps-de-garde; & pour leur donner l'exemple, il n'y restera pas lui-même, mais il se promènera souvent devant son poste, afin d'être en état de mieux voir ce qui s'y passera.

113.

Les Officiers & bas Officiers de garde, contiendront leurs Soldats, Cavaliers ou Dragons, dans la plus grande règle, toutes les fois qu'ils devront être sous les armes ou à cheval, & ils seront responsables que leur garde ne s'y néglige pas, & qu'elle exécute avec la plus grande précision tous les commandemens qui lui seront faits.

114.

Ils feront faire l'appel de leur garde toutes les fois

u'on

qu'on relèvera les ſentinelles ou vedettes, & même plus ſouvent s'ils le jugent à propos.

115.

NE pourront leſdits Officiers ou bas Officiers de garde, permettre à aucun Soldat, Cavalier ou Dragon de leur garde, de s'abſenter; leſdits Soldats, Cavaliers ou Dragons devant porter avec eux leur manger en la montant, ou ſe le faire apporter aux corps-de-garde par leurs camarades.

116.

Punition du Soldat de garde.

LES Soldats, Cavaliers ou Dragons qui mériteront châtiment pendant leur garde, ne pourront être punis qu'après qu'ils l'auront deſcendue, à moins d'un cas grave, pour lequel le Commandant du poſte les fera arrêter.

Nul Soldat, Cavalier ou Dragon de garde, pendant qu'il en ſera, ne pourra être arrêté ſans la participation du Commandant du poſte.

117.

LES Commandans des poſtes de Cavalerie, enverront à l'abreuvoir, aux heures qui ſeront fixées, mais ils obſerveront de n'y envoyer jamais qu'une ſeule eſcouade à la fois, & d'attendre qu'elle ſoit revenue avant que d'en faire partir une autre.

118.

Des ſentinelles. Heures de faction.

LE nombre des ſentinelles ou des vedettes de chaque poſte, ſera réglé, autant qu'il ſera poſſible, de manière que chaque ſentinelle ou vedette n'ait pas plus de ſix heures de faction ni moins de quatre, pendant les vingt-quatre heures qu'il ſera de garde.

Depuis le 1.er Mai juſqu'au 1.er Octobre, & dans le cas d'une néceſſité abſolue, les Commandans des provinces pourront autoriſer les Commandans des places à faire faire huit heures de faction dans les vingt-quatre heures; mais cela n'aura lieu que lorſque la garniſon ſera extrêmement foible & que cela ſera indiſpenſablement néceſſaire, & le Commandant de la province rendra compte ſur le champ au Secrétaire d'État ayant le département de la guerre, des motifs qui ſ'y auront déterminé.

119.

LES ſentinelles ou vedettes ſeront relevées de deux heures en deux heures, de manière que celles, non-ſeulement du même poſte, mais encore de toutes les gardes de la place, le ſoient toutes en même temps.

120.

PENDANT les fortes gelées, les ſentinelles ou vedettes ſeront relevées d'heure en heure, & le Major de la place en avertira à l'ordre les jours que cela ſera ordonné.

121.

Poſe des ſentinelles ou vedetes,

LES ſentinelles qui devront partir d'un poſte, ſe mettront en haie devant le poſte, un peu avant l'heure fixée pour leur départ.

122.

L'OFFICIER commandant le poſte, en ſera averti par le Caporal ou le Brigadier de poſe, il viſitera les armes des Soldats, Cavaliers ou Dragons qui devront être mis en faction, les verra mettre en marche ſous la conduite du Caporal ou Brigadier qui ſera de poſe.

123.

IL aura ſoin, avant leur départ, de régler les lieux où chacun d'eux devra être poſé; les plus vieux Soldats, Cavaliers ou Dragons ſeront mis en faction devant le poſte, & les ſentinelles ou vedettes avancées, ne ſeront jamais confiées à des Soldats, Cavaliers ou Dragons de recrue; il ſera donner à ceux-ci des poſtes voiſins de ſa garde, afin de les obſerver continuellement & d'être à portée de les inſtruire de leur devoir.

124.

LE Caporal ou le Brigadier de poſe, portera ſon fuſil ou mouſqueton ſur le bras gauche ou aura le ſabre à la main, toutes les ſentinelles ou vedettes le ſuivront en portant leurs armes ou le mouſqueton haut, & marcheront; ſavoir, une pose de trois sentinelles ou vedettes, sur un seul rang; une pose de quatre sentinelles ou vedettes & au-dessus, jusqu'à huit, sur deux rangs; une de neuf sentinelles ou vedettes & au-dessus, sur trois rangs, sans qu'aucune sentinelle ou vedette puisse prendre un chemin plus court pour aller attendre ledit Caporal ou Brigadier de pose, aux endroits où il sauroit devoir être placé

125.

LEDIT Caporal ou Brigadier de pose, commencera par la sentinelle ou vedette de devant les armes, qui seule ne sera pas tenue de le suivre après avoir été relevée; il ira ensuite relever les sentinelles ou les vedettes les plus éloignées, qui ayant été relevées, seront tenues de le suivre dans le même ordre prescrit par l'article précédent; il aura soin de se retourner souvent pour voir si les Soldats, Cavaliers ou Dragons qu'il conduit, portent bien leurs armes, marchent ensemble, ou s'ils ne se négligent pas à cheval.

126.

LORSQU'IL sera arrivé près d'une sentinelle ou vedette pour le relever, il laissera les autres à six pas de distance en arrière, & s'avancera seul avec le Fusilier, Cavalier ou Dragon qui devra entrer en faction & qui se placera à la droite de la sentinelle ou vedette qu'il devra relever; alors le Caporal fera le commandement, *présentez les armes*, auquel l'ancienne & la nouvelle sentinelle ayant présenté leurs armes, l'ancienne sentinelle ou vedette donnera la consigne à la nouvelle, en présence du Caporal ou du Brigadier, qui écoutera attentivement si elle n'oublie rien.

127.

LA consigne étant donnée, le Caporal de pose fera les deux commandemens, *portez vos armes*, *marche;* au premier de ces commandemens, l'ancienne & la nouvelle sentinelle porteront les armes; & au second commandement, le Caporal de pose & l'ancienne sentinelle partiront seuls, sans que la nouvelle bouge, pour aller rejoindre les autres sentinelles; parmi lesquelles la sentinelle relevée prendra son rang, tandis que le Caporal se remettra à leur tête pour continuer sa pose: dans la Cavalerie, le Brigadier de pose sera le commandement, *marche;* l'ancienne vedette partira alors seule, & se conformera à ce qui est prescrit par le présent article.

128.

LES Caporaux allant poser les sentinelles, verront si dans les guérites ou à côté il n'aura pas été mis des pierres pour s'asseoir, & si les fenêtres des guérites ne sont pas bouchées, auxquels cas ils feront ôter lesdites pierres, déboucher les fenêtres, & en rendront compte au Commandant du poste, qui fera punir sévèrement la sentinelle qui sera trouvée en faute, après la descente de la garde.

129.

LES sentinelles, pendant tout le temps qu'elles seront en faction, porteront les armes; elles pourront cependant se reposer de temps en temps sur les armes, & les porter pendant le mauvais temps sur le bras gauche: les vedettes porteront le mousqueton haut, & resteront de pied ferme.

130.

LES sentinelles demeureront de cette sorte, de pied ferme lorsqu'il passera à côté d'elles, soit une troupe, soit des Officiers de tels régimens qu'ils puissent être; les sentinelles présenteront les armes pour les Officiers généraux, pour le Commandant & le Major de la place, & pour les trois Officiers supérieurs de leur régiment.

131.

LES sentinelles postées sur le rempart, feront toujours face en dehors, s'arrêteront & présenteront les armes dans cette position.

132.

LES sentinelles présenteront les armes pendant la nuit quand les rondes & patrouilles passeront.

133.

LES sentinelles qui seront posées aux magasins à poudre,

feront

feront faction avec une hallebarde, & poferont leurs armes dans la guérite.

Et à cet effet, le Garde d'Artillerie fournira, fur l'ordre du Commandant fupérieur de la place, deux hallebardes pour chaque magafin à poudre; une reftera au corps-de-garde, & y fera tenue en état par les Soldats de la garde; elle fervira pour remplacer celle de la fentinelle, lorfqu'elle aura befoin d'être éclaircie.

S'il n'y a pas d'hallebarde dans l'arfenal, il fera fourni d'autres armes de longueur & de défenfe.

134.

LES fentinelles, pendant le temps qu'elles feront en faction, ne pourront jamais quitter leurs armes, ni s'affeoir, ni lire, ni chanter, ni fiffler, ni parler à perfonne, ni en fe promenant s'écarter de leur pofte à plus de vingt pas.

135.

LES fentinelles exécuteront ponctuellement tout ce qui leur fera configné, & elles fe tiendront toujours fort alertes & en état de voir d'affez loin tout ce qui fe paffera de jour & de nuit à portée de leur pofte; pour cet effet elles ne refteront dans leur guérite que pendant les mauvais temps; elles en fortiront cependant toutes les fois qu'elles verront s'approcher d'elles pendant le jour quelque Officier général ou fupérieur, & pendant la nuit les rondes & les patrouilles.

136.

LES fentinelles ou vedettes ne recevront aucune nouvelle configne que du Caporal ou du Brigadier qui les aura pofées, ou des Officiers, Sergens ou Maréchaux-des-logis qui feront de garde avec elles, & elles ne fe laifferont relever que par eux.

137.

LORSQU'UNE fentinelle verra ou entendra quelqu'un en querelle auprès de fon pofte, elle criera à haute voix, *à la garde, querelle;* cet avertiffement paffera de fentinelle en fentinelle, jufqu'au pofte, qui enverra plufieurs Fufiliers aux ordres d'un bas Officier, pour arrêter les querelleurs, s'ils ne sont pas Officiers; & s'ils le sont, le Commandant du détachement les connoîtra pour les nommer au Commandant du poste, qui en rendra compte sans délai par un billet au Commandant supérieur de la place.

138.

SI les sentinelles ou vedettes aperçoivent quelqu'incendie, elles crieront à haute voix, *au feu;* cet avertissement passera de sentinelle en sentinelle jusqu'au poste, dont le Commandant, après avoir reconnu où sera le feu, en fera avertir le Commandant ayant le détail de la place & le Major de ladite place.

139.

LES sentinelles ou vedettes posées devant les armes ou devant un poste, auront soin d'avertir assez à temps, lorsqu'elles auront aperçu quelque Officier général, le Commandant de la place ou autre, pour lequel la garde doive prendre les armes ou se montrer hors du corps-de garde.

Quand la garde devra sortir avec ses armes, la sentinelle criera, *aux armes;* & quand la garde devra sortir sans armes, la sentinelle criera, *hors la garde;* alors les Soldats, Cavaliers ou Dragons sortiront du corps-de-garde, & le Sergent ou Maréchal-des-logis se tiendra à la porte du corps-de-garde pour diligenter les paresseux.

Quand la nuit sera venue & que les sentinelles auront crié d'une voix forte, *qui va là,* elles ne laisseront personne faire un seul pas vers les armes qu'elles n'aient appelé le Caporal ou le Brigadier de la garde pour examiner celui qui se présente, & savoir l'affaire qui l'y amène; elles crieront pareillement assez tôt aux rondes & aux patrouilles, & les feront arrêter jusqu'à ce qu'elles aient été reconnues.

140.

LES sentinelles qui garderont un magasin tel qu'il soit, n'y laisseront entrer personne qu'après en avoir averti le

Caporal de garde, & qu'après que le Commandant du poste aura examiné si les personnes qui demandent à entrer dans le magasin sont réellement chargées d'en prendre soin.

141.

LES sentinelles ou vedettes ne se laisseront approcher de trop près par qui que ce soit, & elles y auront encore plus d'attention pendant la nuit que pendant le jour ; & pour cet effet, elles feront passer alors, autant que cela sera possible, les allans & venans de l'autre côté de la rue où elles seront posées.

142.

CELLES qui seront placées sur les remparts, n'y laisseront passer pendant la nuit, absolument que les rondes & les patrouilles.

143.

SI quelqu'un se présente pendant la nuit aux postes de ces sentinelles du rempart, & demande à passer en se disant Officier, bas Officier, Soldat, Bourgeois ou ami, ces sentinelles lui feront faire *halte*, & l'examineront avec le plus grand soin ; si elles ne le trouvent pas suspect, elles le feront retourner sur ses pas ; mais si elles le croient tel, elles tâcheront de l'arrêter, & appelleront le Caporal de garde pour qu'il vienne le prendre.

144.

LORSQUE la nuit sera fermée, la sentinelle qui entendra approcher quelqu'un, criera, *qui va là* jusqu'à trois fois, & ne laissera passer personne, s'il ne lui est pas répondu de façon à se faire connoître.

145.

SI après avoir crié trois fois *qui va là*, on continue de s'approcher d'elle sans répondre, elle criera *halte-là*, & avertira en même temps qu'elle va tirer ; & si malgré cet avertissement on continue de s'avancer, elle tirera & appellera la garde.

146.

LORSQUE la ſentinelle d'un poſte apercevra une ronde ou une patrouille, elle criera, *qui va là;* & lorſque cette ronde ſe ſera annoncée, elle avertira ſon Caporal, en diſant quelle ronde c'eſt.

Le Caporal ſortira du corps-de-garde, ſe faiſant éclairer par un Soldat, s'avancera à la ſentinelle qui eſt devant les armes, criera, *qui va là;* & lorſqu'on lui aura répondu, & qu'il aura reconnu la ronde ou patrouille, il criera, *avance qui a l'ordre,* préſentera ſes armes pour ſe mettre en défenſe contre celui qui ſera la ronde ou patrouille, en recevra le mot, & s'il eſt bon, le laiſſera paſſer.

147.

LORSQU'UNE ſentinelle ou vedette aura commis quelque faute qui méritera punition, elle ſera punie à la deſcente de la garde, conformément à l'article 116 du préſent Titre: Sa Majeſté défend à tout Officier, ſous peine d'être caſſé, de les frapper pendant leur faction.

148.

S'IL arrivoit qu'un Bourgeois ou habitant inſultât ou frappât une ſentinelle ou vedette, le Commandant ſupérieur de la place ſera mettre en priſon ledit Bourgeois ou habitant, & il en ſera rendu compte à Sa Majeſté, qui ordonnera de ſa punition.

149.

Entrée d'une troupe.

DÈS que la ſentinelle de l'avancée découvrira une troupe, elle appellera le Caporal de garde pour qu'il ferme la barrière & avertiſſe le Commandant du poſte, qui ſera ſur le champ prendre les armes à ſa garde, & enverra un Soldat intelligent en rendre compte au Commandant de la place ou du quartier.

150.

SI la troupe qui paroîtra, s'avance plus près du glacis ou du poſte qu'environ trois cents pas, ledit Commandant du poſte enverra pour la reconnoître un bas Officier intelligent,

intelligent, avec quatre Fusiliers, lequel s'avancera jusqu'à trente pas en avant des sentinelles; & lorsque la troupe qu'il voudra reconnoître sera à portée de l'entendre, il fera faire haut les armes à ses Soldats, & criera, *qui vive:* lui ayant été répondu *France*, il criera, *de quel régiment*, & quelque réponse qui lui ait été faite, il criera, *halte-là;* si après l'avoir répété une autre fois, la troupe avançoit toujours, il fera faire feu sur elle, & se retirera derrière la première barrière, qu'il fermera, & il y tiendra ferme: pendant ce temps-là l'Officier de garde fera promptement lever les ponts, & détachera ensuite la moitié de sa garde sur le rempart, pour faire feu & protéger son avancée.

151.

SI au contraire ladite troupe s'arrête & se fait connoître pour amie, ledit bas Officier lui criera encore une fois, *halte-là*, encore une fois, *halte-là*, quand même ce seroit un régiment, un bataillon ou toute autre troupe de la garnison, & s'avancera seul pour la reconnoître encore de plus près; lorsqu'il l'aura bien reconnue, il mènera celui qui la commande au Commandant de son poste, en laissant néanmoins toujours ses Fusiliers pour contenir ladite troupe, & l'empêcher de faire un seul pas en avant. Si le Commandant du poste ne connoît pas personnellement celui qu'on lui amène, il l'examinera de près, ne devant se fier ni à l'uniforme ni aux autres marques distinctives; dès qu'il aura fait cet examen, il en rendra compte par écrit au Commandant supérieur de la place ou du quartier, en lui envoyant un Soldat intelligent pour lui porter ce rapport, & il gardera à son poste le Commandant de ladite troupe, sans lui permettre de la faire avancer ni la laisser entrer dans la place ou quartier, quand bien même ce ne seroit qu'une recrue sans armes, qu'après en avoir reçu l'ordre par écrit du Commandant supérieur de la place ou du quartier, ou qu'après qu'il sera venu un Officier-major de la place ou du quartier pour la faire entrer; auquel cas le Commandant du poste tiendra sa garde sous les armes, jusqu'à ce que ladite troupe soit passée. Le Commandant supérieur d'une place prendra cependant les précautions nécessaires pour faire rentrer sans retard toutes les Troupes de la garnison qui seroient sorties pour les exercices.

152.

LES Soldats, Cavaliers ou Dragons chargés de porter des rapports, s'en acquitteront avec la plus grande diligence; & lorsqu'ils auront fini leur rapport, & qu'ils auront reçu les derniers ordres de l'Officier auquel ils l'auront fait, ils retourneront à leur poste sans perte de temps.

153.

LES Tambours, Timbales & Trompettes des Troupes qui entreront dans une place ou dans un quartier, battront & sonneront la marche dès les postes avancés & la première barrière, & les Tambours ou Trompettes des gardes, devant lesquels elles passeront, battront aux champs ou sonneront la marche.

154.

Des Tambours & Trompettes des ennemis.

S'IL se présente aux portes, des Trompettes & des Tambours venant des ennemis, le Commandant du poste leur fera bander les yeux & les fera conduire de poste en poste au Commandant de la place, sans souffrir qu'ils s'arrêtent nulle part en chemin.

155.

Des Déserteurs.

LORSQU'IL s'y présentera des déserteurs des troupes des Puissances voisines ou ennemies, on ne souffrira point qu'ils parlent à personne avant d'avoir été menés chez le Commandant de la place ou du quartier, chez lequel ils seront conduits aussitôt qu'ils seront arrivés, lequel Commandant de la place ou du quartier les fera sortir sur le champ de la place ou du quartier sans leur permettre de parler à qui que ce soit, à moins qu'ils n'offrent de s'engager dans un des régimens étrangers de la garnison ou du quartier, s'il y en a, & qu'il ne juge qu'on peut les y recevoir sans inconvénient.

156.

SI ces déserteurs sont à cheval, qu'il n'y ait point de cartel à cet égard avec les autres Puissances, & que le Commandant supérieur de la place ou du quartier juge leurs chevaux propres au service, il les fera prendre pour le compte du Roi, & on les payera auxdits déserteurs à raison de cent livres par cheval de Cavalier, de soixante livres par cheval de Dragon, & de cinquante livres par cheval de Hussard; & lesdits chevaux, par les soins du Commissaire des guerres, & à son défaut du Major de la place ou du quartier, qui pourvoira, aux dépens de Sa Majesté, à leur subsistance & à leur conduite, seront envoyés au régiment le plus voisin, sur l'ordre qu'il en recevra du Secrétaire d'État ayant le département de la guerre, auquel ledit Commissaire ou Major en rendra compte. Si au contraire lesdits chevaux ne sont pas jugés propres pour le service de Sa Majesté, on laissera auxdits déserteurs la liberté de les vendre de gré à gré à qui bon leur semblera, sans que qui que ce soit, Officier général ni autre, puisse s'arroger le droit & l'autorité de les taxer ou d'en disposer en faveur de personne.

157.

Soldats de la garnison ou autres.

LES Officiers & bas Officiers de garde aux portes, ne laisseront entrer aucun Soldat, Cavalier ou Dragon, autre que de la garnison, sans s'être fait représenter son congé; ils feront arrêter tous ceux qui se présenteront sans en être munis, & ils en rendront compte sur le champ au Commandant supérieur de la place.

158.

ILS feront arrêter pareillement tous les bas Officiers, Cavaliers, Dragons & Soldats de la garnison qui se présenteront pour sortir de la place ou du quartier, sans être munis d'une permission dans les formes, ou sans être conduits en règle par des Officiers.

Titre VIII. *Des Étrangers.*

159.

Ils ne laisseront entrer dans la place aucun étranger, sans qu'ils aient été interrogés par le Consigne de la porte, & sans les avoir interrogés eux-mêmes pour savoir qui ils sont, d'où ils viennent, où ils vont, où ils comptent loger, quelles affaires les amènent dans la place, & s'ils doivent y rester long-temps.

160.

Lesdits étrangers seront ensuite conduits par un Fusilier de l'avancée à l'Officier de garde à la porte, qui après les avoir examinés de nouveau, les sera accompagner par un ou deux Fusiliers, suivant leur nombre, qui les conduiront à l'Officier de garde sur la place d'armes, & ne les quitteront qu'après le leur avoir remis.

161.

L'Officier de garde sur la place d'armes, enverra chez le Commandant supérieur de la place, tous les étrangers venant des terres d'une autre domination, ou y allant.

Quant aux autres, ledit Commandant supérieur de la place pourra, s'il le juge à propos, charger l'Officier de garde sur la place d'armes de les examiner & de les laisser passer s'il lui paroît qu'on puisse le faire sans inconvénient, sinon ledit Officier de garde les fera conduire chez le Major de la place, ou les fera conduire à son corps-de-garde, jusqu'à ce qu'il y passe un Officier de l'État-major de la place.

162.

Lorsque ces étrangers seront d'une certaine considération, ils ne seront point conduits par des Fusiliers, soit chez le Commandant supérieur de la place, soit au corps-de-garde de la place, les Consignes des portes dresseront sur le champ un billet, par lequel ils annonceront l'arrivée de ces étrangers & le lieu où ils devront loger, lequel billet sera remis par ledit Consigne à l'Officier ou bas Officier de la garde de l'avancée, qui l'enverra tout

tout aussitôt, par un Soldat intelligent de sa garde, audit Commandant supérieur de la place.

163.

LES sentinelles de l'avancée, ne laisseront entrer dans la place ou quartier, aucun mendiant, à moins qu'il ne soit adressé à quelqu'un de la ville, auquel cas on arrêtera au poste le mendiant jusqu'à ce que la personne à laquelle il aura été adressé, & qu'on fera avertir, vienne en répondre & le réclamer; pendant ce temps-là le Consigne de la porte, & à son défaut un bas Officier de la garde, prendra le signalement dudit mendiant, & si personne ne vient le réclamer, on le chassera hors de la ville, & on en rendra compte tout de suite au Commandant de la place ou du quartier, auquel on enverra en même temps le signalement; ledit Commandant enverra ensuite ce signalement à toutes les portes, afin qu'on l'empêche d'entrer dans la place ou dans le quartier.

164.

Des voitures.

LORSQU'IL se présentera des voitures au dehors pour entrer dans la place, elles seront visitées par le Consigne de la porte, avec un Caporal & quelques Fusiliers, afin d'examiner s'il n'y a rien qui tende à surprise, comme Soldats cachés, armes, poudres & autres munitions de guerre.

165.

AVANT de laisser entrer les voitures, la sentinelle de la barrière, criera *arrête*, ce qui sera répété de sentinelle en sentinelle jusqu'à celle de la porte de la place; cette dernière sentinelle empêchera alors aucune voiture de sortir, & s'il n'y en a point entre les portes, elle criera *marche*, ce qui sera répété de sentinelle en sentinelle jusqu'à celle de l'avancée, qui fera défiler les voitures de distance en distance, de manière que tous les ponts ne soient point embarrassés en même temps, & que l'on en puisse toujours lever quelqu'un en cas de besoin.

166.

S'IL venoit à casser quelque chariot sur les ponts; le Commandant du poste fera aussitôt lever les autres ponts & mettre sa garde sous les armes, qu'il ne lui fera quitter qu'après que ledit chariot aura été retiré.

167.

LES sentinelles ne permettront point aux voitures de s'arrêter entre les portes ni sur les ponts-levis ou sous les orgues, grilles ou herses.

168.

PENDANT que les voitures du dehors entreront, la sentinelle de la porte fera ranger les voitures qui se présenteront pour sortir, afin qu'elles n'embarrassent point le passage.

Lorsque toutes les voitures arrivantes seront passées, ladite sentinelle criera à son tour, *arrête;* cette parole étant passée à la sentinelle de l'avancée, laquelle répondra, *marche;* alors la sentinelle de la porte laissera partir les voitures qui voudront sortir, avec les mêmes précautions ci-dessus détaillées.

169.

Fermeture des portes.

LES portes des places seront fermées, en temps de paix comme en temps de guerre, avant la nuit; & elles ne seront point ouvertes qu'il ne soit jour, à moins d'une nécessité absolue.

170.

UNE heure avant la fermeture des portes, le Tambour ou le Trompette de la garde montera sur le parapet du rempart pour y battre ou sonner la retraite.

171.

A la même heure, on sonnera une cloche à ce destinée, pour avertir ceux qui seront sortis de la ville, d'y rentrer, & les gens de la campagne ou autres passagers qui ne veulent pas y coucher, d'en sortir.

172.

Les clefs des portes de la place, qui doivent être remises entre les mains du Commandant de la place, seront enfermées chez lui dans un coffre de bois ferré: celles de chaque porte seront mises dans un sac de cuir sur lequel le nom de la porte sera écrit; & les autres, telles que celles des poternes & souterrains seront toutes étiquetées de manière qu'elles ne puissent se confondre.

173.

Il se trouvera, matin & soir, un Sous-aide-major de la place, ou autre Officier-major de ladite place, pour faire faire la distribution des clefs lorsqu'on devra venir les chercher.

174.

Une demi-heure après que la cloche aura sonné, deux Soldats de chacune des gardes des portes, & les portiers, s'il y en a, se rendront chez le Commandant de la place.

175.

Dans les places où il n'y aura point de portiers établis, un de ces deux Soldats sera sans armes, & après qu'il aura reçu le sac des clefs, il reviendra à son corps-de-garde, & l'autre l'escortera.

176.

Lorsque l'Officier-major de la place, chargé de la distribution des clefs, aura remis à ces deux Soldats, ou au portier, les clefs de leur poste, lesdits Soldats s'en retourneront à leur poste, faisant marcher entr'eux le portier qui en aura été chargé, sans souffrir qu'il s'arrête en chemin.

177.

A la même heure à laquelle on ira chercher les clefs, l'Officier de garde à l'avancée, détachera un bas Officier & quatre Fusiliers pour aller se placer à la première barrière, avec ordre d'examiner encore plus soigneusement que dans le reste du jour les personnes qui pourroient s'y présenter; & si le poste de l'avancée n'est pas assez considérable pour fournir ce petit détachement, ce sera l'Officier de garde à la porte qui le fournira.

178.

LES clefs arrivant aux portes, l'Officier fera prendre les armes à sa garde, & attendra, pour procéder à la fermeture des portes, l'arrivée du Sous-aide-major ou autre Officier-major de la place.

179.

LORSQU'IL le verra arriver, il fera faire *haut les armes* à sa garde, qui se partagera en double haie, & se portera auprès de la porte; il en fera avancer deux Fusiliers jusque sur le pont-levis.

180.

LEDIT Officier-major de la place étant arrivé, il lui sera donné deux Fusiliers de renfort pour l'escorte des clefs, avec lesquels il se portera d'abord à la barrière la plus avancée, qu'il fermera à la clef après qu'on aura retiré les sentinelles extérieures.

181.

LORSQU'IL passera à portée des Officiers ou bas Officiers commandant les postes du dehors, il leur donnera le mot que le Commandant supérieur de la place aura donné pour eux; les Commandans des postes plus éloignés auront soin de faire trouver sur son chemin des Sergens ou des Caporaux, à qui il le donnera, & qui le rapporteront sur le champ aux Commandans des postes dont ils auront été envoyés.

182.

IL fermera ensuite successivement, en retournant vers la place, les autres portes & barrières, & fera relever les pont-levis.

183.

LE Caporal de consigne éclairera avec son falot celui qui fermera les portes.

184.

Il sera détaché de la garde de la porte ou des avancées des Soldats avec leurs armes en bandoulière, pour aider aux manœuvres nécessaires, lesquels rentreront avec ledit Officier-major de la place.

184.

CHACUN des Officiers à qui les portes seront confiées, s'assureront, à mesure qu'on les fermera, que les verroux, serrures & cadenats seront effectivement bien fermés.

185.

PENDANT tout le temps que durera la fermeture des portes, le Tambour de la garde sera sur le parapet du rempart où il battra *aux champs*.

Si cependant on ouvre la porte pendant la nuit, il ne battra point, ne devant battre depuis la retraite jusqu'au jour qu'en cas d'alarme.

186.

Renvoi des clefs.

LES portes étant fermées, les clefs seront reportées chez le Commandant de la place dans le même ordre qu'on les aura été chercher.

187.

ELLES seront mises sur une table dans l'antichambre, & gardées par un des Fusiliers qui les aura escortées, lequel sera relevé par un des Fusiliers qui escortera les clefs d'une autre porte, & ainsi successivement jusqu'à ce que toutes les clefs étant arrivées, l'Officier-major de la place chargé de les rassembler les fera renfermer, après avoir vérifié s'il n'en manque point.

188.

Ouverture des portes pendant la nuit

S'IL est besoin d'ouvrir les portes pendant la nuit, on ne les ouvrira qu'en présence d'un Officier-major de la place, & qu'après qu'on aura fait avertir le corps-de-garde de la place d'armes, pour que la garde prenne les armes, & se porte en totalité ou en partie à ladite porte suivant ce qui sera ordonné.

189.

DÈS que les portes auront été fermées, les Caporaux feront la grande pose, c'est-à-dire, celles des sentinelles d'augmentation pour la nuit dans les postes qui leur auront été marqués.

Ils les instruiront avec exactitude de ce qu'ils auront à faire, & visiteront les autres sentinelles pour leur faire répéter leur consigne.

190.

Diane. AU point du jour, tous les Tambours de garde monteront sur le parapet, & y battront *la diane*.

Les Trompettes sonneront aussi *la diane*, autrement dit *le reveil*.

191.

UNE demi-heure avant l'ouverture des portes, on ira chercher les clefs, & en attendant leur arrivée, la garde prendra les armes, & se placera de la même manière qu'il a été prescrit pour la fermeture des portes.

192.

L'OFFICIER de garde fera aussi monter des bas Officiers sur le rempart, pour écouter & découvrir s'il ne se passe rien dans le dehors de la place.

193.

A mesure que l'Officier-major de la place, ayant avec lui les gens nécessaires pour ouvrir les portes, & les détachemens commandés pour faire la découverte, passera les ponts-levis & barrières pour arriver à la plus avancée, on relèvera lesdits ponts-levis, & on fermera les barrières derrière lui.

194.

LORSQU'IL n'y aura point de garde de nuit dans les ouvrages avancés, le Commandant de la garde de la porte commandera un détachement pour accompagner l'Officier-major de la place.

195.

S'IL n'y a point de Cavalerie ou de Dragons dans la

place, ou que le Commandant ſupérieur ne juge pas à propos de l'employer à faire les découvertes, il ſera commandé chaque jour le nombre néceſſaire de Grenadiers pour leſdites découvertes; toutes les troupes deſdits Grenadiers diſtribuées à chaque porte, ſeront commandées par des Officiers ou des Sergens, & il ſe trouvera au corps-de-garde du Commandant du poſte de la porte une inſtruction ſur une table pour celui qui commandera la découverte.

196.

S'IL n'y a perſonne de commandé pour ce ſervice, le Commandant de la garde de la porte fera, pour y ſuppléer, paſſer avec l'Officier-major de la place un bas Officier & quelques Soldats de ſa garde, qu'il inſtruira de ce qu'ils auront à faire.

197.

LEDIT Officier-major de la place étant arrivé à la barrière la plus avancée, l'ouvrira & la fermera auſſitôt après que le détachement chargé de la découverte ſera ſorti.

198.

SI lors de cette première ouverture des portes, il ſe préſente des habitans ou autres perſonnes pour ſortir de la place, on ne le leur permettra que ſur un ordre du Commandant ſupérieur de la place, & on les fera retirer en dedans à trente pas du corps-de-garde. On obligera de même ceux qui ſe préſenteront à la barrière pour entrer, de s'en éloigner à cent pas en dehors, juſqu'à ce que les portes ſoient entièrement ouvertes.

199.

LES détachemens qui auront fait la découverte étant de retour, celui qui commandera chaque détachement, informera l'Officier-major de la place ou du quartier & le Commandant de la garde de la porte par laquelle il rentrera, de ce qu'il aura vu en faiſant ladite découverte; ſur ſon rapport, après que les hommes & les voitures qui attendront auront été reconnus, les barrières & les portes tant de l'avancée que de la place, seront ouvertes & les ponts-levis baissés, les gardes restant sous les armes jusqu'à ce que le tout soit entré dans la place, après quoi on refermera la première barrière.

200.

LES jours qu'il sera assez de brouillard pour qu'on ne puisse pas découvrir à un certain éloignement, il sera commandé, avant l'ouverture des barrières, huit Fusiliers aux ordres d'un Sergent & d'un Caporal pour chaque porte; quatre hommes de ce détachement, commandés par un bas Officier, battront la patrouille à trois cents pas en avant de la première barrière; ils seront relevés par la seconde moitié du détachement une heure après l'ouverture des portes, & ainsi alternativement jusqu'à ce que le Commandant supérieur de la place ordonne que ces détachemens rentrent dans leurs quartiers.

Lesdits détachemens seront reçus dans les corps-de-garde de la première avancée ou de la porte.

201.

DANS les jours & les temps de l'année où la Cavalerie ne montera pas la garde à cheval, les Cavaliers pour la découverte seront fournis par les postes de Cavalerie qui auront monté la garde à pied, d'où l'on enverra ces Cavaliers destinés à la découverte à l'avance aux écuries pour y seller leurs chevaux, & se rendre ensuite à la porte qu'on leur indiquera pour y faire la découverte.

202.

APRÈS que les portes auront été ouvertes, les Caporaux retireront les sentinelles d'augmentation qu'ils auront posées pendant la nuit.

203.

Rapport des postes au Major de la place.

IMMÉDIATEMENT après, les Caporaux de consigne de tous les postes porteront chez le Major de la place les registres & les boîtes des rondes & patrouilles, avec le rapport par écrit, signé du Commandant du poste, de tout

tout ce qui aura pu y arriver pendant la nuit ou à l'ouverture des portes.

Le Major les mènera sur le champ avec lui chez le Commandant supérieur de la place pour lui en rendre compte si les circonstances l'exigent, ou il ordonnera auxdits Caporaux de consigne de retourner promptement à leurs postes après qu'ils auront reporté les boîtes & les registres des rondes & patrouilles au corps-de-garde de la place d'armes, & qu'ils les auront remis au Caporal de consigne de ce poste.

204.

ALORS les Caporaux & Brigadiers de consigne feront nettoyer & balayer le corps-de-garde de leur poste, le terrain que la garde doit occuper, le dessous des portes & les ponts, & feront ôter les ordures qui se trouveront sur les remparts dans l'étendue de leur poste; ce travail sera fait par les Soldats, Cavaliers ou Dragons de leur garde, qui tireront au sort à cet effet.

205.

EN cas d'alarme, si c'est pendant le jour, les Officiers ou bas Officiers de garde aux portes, feront fermer sur le champ les barrières & lever les ponts-levis de l'avancée, & en donneront avis, sans perte de temps, au Commandant supérieur de la place, dont ils attendront les ordres, leurs gardes restant sous les armes; les gardes à cheval se porteront en diligence au lieu où sera l'alarme, où elles attendront les ordres du Commandant de la place.

206.

LORS des processions, & les jours de foire & de marché, la moitié des gardes se tiendra sous les armes alternativement; si le concours du peuple étranger est grand auxdites processions, on fermera les barrières & on levera un pont-levis à chaque porte; on ajoutera encore à cette précaution de tenir sous les armes, sur le rempart toutes les compagnies de Grenadiers qui seront dans la place.

On prendra les mêmes précautions les jours de foire & de marché, à l'exception de la fermeture des barrières & du pont-levis; chacun de ces jours de foire ou de marché, chaque poste aura continuellement une patrouille dans les rues voisines, jusqu'à ce que le Major de la place fasse passer des billets pour faire rentrer lesdites patrouilles.

A l'égard des gardes à cheval, elles seront placées où le Commandant de la place le jugera le plus utile pour empêcher le désordre, & elles y resteront jusqu'à ce que les processions soient rentrées, ou que la foire ou le marché soit fini, après quoi elles retourneront à leur poste.

207.

Si le feu prend dans quelque endroit de la place, on enverra du premier poste où l'on s'en apercevra, un Caporal & deux Soldats intelligens pour voir si le feu est dangereux, & s'il paroît tel au Caporal, il l'enverra dire sur le champ au Commandant de son poste qui y enverra un autre Caporal ou un Appointé, & six hommes pour se joindre avec le premier Caporal qui sera resté au feu. Ces deux Caporaux & ces huit Soldats se placeront dans la rue aux deux côtés de l'endroit où sera le feu & n'en laisseront approcher que ceux qui porteront des seaux, des pompes, des échelles & des crocs pour éteindre le feu. A l'égard des gardes à cheval, il s'en détachera un Brigadier & deux Cavaliers intelligens, & si ce feu paroît dangereux au Brigadier, il l'enverra dire au Commandant du poste qui lui enverra six autres Cavaliers pour les disposer tous huit aux deux côtés de l'endroit où sera le feu, & ils se conformeront d'ailleurs à ce qui est prescrit par le présent article.

208.

LEDIT Commandant du poste en fera avertir en même temps le Major & le Commandant de la place, dont il attendra les ordres avant de faire battre la générale; il en fera pareillement avertir le Commandant de la garde de la place d'armes, qui y enverra sur le champ un détachement plus ou moins considérable, suivant la force de son poste pour le joindre à celui de l'autre garde qui y sera déjà & empêcher conjointement le désordre, mais ces deux détachemens retourneront chacun à leur poste, lorsqu'il sera arrivé des détachemens de la garnison à l'endroit où sera le feu.

Le Commandant du poste de Cavalerie fera de même avertir le Commandant & le Major de la place ou du quartier; mais il fera de plus avertir le Commandant du poste d'Infanterie le plus voisin, s'il y en a; & les détachemens de Cavalerie qui seront envoyés au feu, agiront de concert avec ceux de l'Infanterie pour empêcher le désordre, & se conformeront d'ailleurs à ce qui est prescrit par le présent article.

209.

ON se conformera dans les quartiers, autant qu'il sera possible, à tout ce qui est prescrit pour la garde; & dans le compte que les Commandans des quartiers rendront à celui de la province, il sera fait mention des difficultés qu'on trouvera à se conformer à ce qui est prescrit pour la garde, sur quoi il ordonnera ce qui conviendra relativement au nombre & à l'espèce des Troupes qui seront dans les quartiers.

TITRE IX.

De l'Ordre & du Mot.

ARTICLE PREMIER.

ON donnera l'ordre tous les jours sur la place d'armes immédiatement après que la garde aura défilée, & le mot se donnera le soir après la fermeture des portes. *L'ordre donné tous les jours.*

2.

LE mot sera de deux espèces, l'un de ralliement pour les gardes des postes extérieurs, & l'autre général pour les postes de l'intérieur de la place ou du quartier. *Le mot sera de deux espèces.*

3.

Les bas Officiers conduits en règle pour aller à l'ordre.

DANS l'Infanterie, un Porte-drapeau de chaque régiment rassemblera tous les jours, à l'heure de la garde, tous les Fourriers du régiment, un Sergent & un Caporal par division, qui rouleront entr'eux pour ce service; il les formera sur trois rangs à la gauche de la garde, en fera l'appel & l'inspection, après quoi il fera porter les armes aux Sergens & Caporaux.

4.

Ordre de se placer pour les deux gardes.

DÈS que la nouvelle garde se mettra en marche pour se rendre sur la place d'armes; elle sera suivie par les Fourriers, Sergens & Caporaux d'ordre, lesquels en arrivant sur la place se formeront en bataille vis-à-vis le terrain d'où devra défiler la nouvelle garde, mais derrière le corps des Officiers de ce régiment qui doivent se trouver à la parade.

5.

Ordre pour la Cavalerie.

DANS la Cavalerie & les Dragons, un Porte-étendard ou Porte-guidon de chaque régiment, rassemblera tous les Fourriers du régiment, qu'il conduira sur la place d'armes, lesquels se formeront sur un seul rang vis-à-vis le détachement ou la garde à pied de leur régiment.

6.

Comment les Fourriers absens, remplacés.

SI le Fourrier d'une compagnie est absent, il sera remplacé par un des Sergens ou Maréchaux-des-logis de sa compagnie, que le Major nommera pour remplir les fonctions de ce Fourrier en son absence.

7.

Rang des régimens pour le cercle.

LES Fourriers, Sergens & Maréchaux-des-logis d'un régiment étranger, quoique plus ancien que les régimens françois de la même garnison, se placeront à la gauche du plus ancien régiment françois.

8.

LE Major de la place ou du quartier se rendra à onze heures chez le Commandant supérieur de la place, pour prendre

prendre les ordres qui feront relatifs au fervice de la place.

9.

IMMÉDIATEMENT après que la garde aura défilée, le Major de la place ordonnera au Tambour de garde de la place, de battre à l'ordre.

10.

Formation du cercle.

A ce fignal de l'ordre, tous les Fourriers & Sergens formeront un cercle qui commencera par les Fourriers du plus ancien régiment, & finira par les Sergens du dernier régment.

Quant aux Caporaux, ils fe placeront à quatre pas derrière les Fourriers & Sergens de leur compagnie.

Les Fourriers de la Cavalerie & des Dragons formeront pareillement un cercle, mais féparé de celui de l'Infanterie, qui commencera de même par le Fourrier du plus ancien régiment.

11.

LE cercle étant formé, le Major de la place y entrera avec un Officier-major & un Porte-drapeau par régiment, lefquels formeront un petit cercle intérieur autour du Major de la place, en commençant par l'Officier-major du plus ancien régiment françois, & finiffant par ceux du dernier régiment de la garnifon.

12.

LE Major de la place nommera les Officiers de garde, ceux de ronde, ceux de vifite d'hôpital & d'autres fervices; il ordonnera le nombre de bas Officiers & d'efcouades que chaque régiment devra fournir pour la garde, pour les patrouilles & les corvées; il expliquera ou lira l'ordre qu'il aura reçu du Commandant fupérieur de la place, après quoi il commandera, *rompez le cercle:* à ce commandement les Officiers-majors, Porte-drapeaux, Fourriers, Sergens & Caporaux de chaque régiment, rompront le cercle général pour en former un particulier par régiment.

13.

Le Major de la place ayant donné l'ordre au grand cercle d'Infanterie, entrera dans le grand cercle de Cavalerie ou de Dragons; il donnera l'ordre de la même manière qu'il vient d'être expliqué pour l'Infanterie, après quoi le cercle général se rompra, & le cercle particulier de chaque régiment de Cavalerie & de Dragons se formera comme il a été dit pour l'Infanterie.

14.

Le cercle particulier de chaque régiment étant formé, le Major ou l'Aide-major du régiment achèvera d'expliquer les ordres donnés au grand cercle qui pourroient avoir besoin d'éclaircissemens; il expliquera pareillement ou lira les ordres particuliers qu'il aura reçus du Commandant du régiment, concernant la police intérieure & la discipline du corps; il nommera les Officiers ou bas Officiers qui devront être de service; il règlera ce que chaque compagnie devra fournir d'hommes pour les différens services; il indiquera les heures qui seront destinées aux exercices & celles des distributions, s'il y en a à faire, après quoi il fera rompre le cercle.

15.

Le cercle étant rompu, le Fourrier de chaque compagnie rendra l'ordre aux Officiers de sa compagnie qui se trouveront sur la place, lesquels Officiers seront tenus d'y rester jusqu'après l'ordre donné & rendu, après quoi le Porte-drapeau, Porte-étendard ou Porte-guidon de chaque régiment formera les bas Officiers, pour les remener à leur quartier dans le même ordre qu'il les aura amenés sur la place.

Aussitôt après leur arrivée, chaque Fourrier donnera l'ordre aux Sergens & Maréchaux-des-logis de sa compagnie, lesquels le rendront aux escouades de leur division; ils observeront de leur expliquer & de leur faire comprendre tout ce qui a été dit tant à l'ordre général de la place, qu'à l'ordre particulier de leur régiment, & tout ce qu'elles auront à faire en conséquence.

16.

Communication de l'ordre.

DANS le cas où les Officiers commandés pour quelque service ne se seroient point trouvés sur la place, le Fourrier, ou à son défaut un Sergent ou un Maréchal-des-logis qui rouleront entr'eux pour ce service, portera l'ordre au Capitaine: un Sergent ou un Maréchal-des-logis portera l'ordre au Lieutenant & au Sous-lieutenant à leur auberge: si lesdits Officiers ne s'y trouvent pas, les Fourriers, Sergens & Maréchaux-des-logis seront tenus d'aller jusqu'à leur logement, où ils laisseront par écrit ce qui les concerne.

17.

DEUX Sergens ou Maréchaux-des-logis sur tout un régiment, seront chargés de porter l'ordre aux Officiers-majors & Quartier-maître, qui pour raison d'autre service ne se seroient point trouvés à la parade, & se conformeront à ce qui vient d'être prescrit à l'article précédent.

18.

SI le Major d'un régiment ne peut pas aller lui-même recevoir l'ordre, l'Aide-major qui l'aura reçu & donné pour lui à son régiment, comme il vient d'être expliqué, le portera audit Major.

19.

LE Major de chaque régiment portera l'ordre au Commandant du régiment, lorsque cet Officier n'aura pu se trouver à la parade pour des raisons indispensables.

20.

TOUTES les fois que le Colonel ou Mestre-de-camp sera présent, ce sera un Aide-major qui portera l'ordre au Lieutenant-colonel; mais ce sera le Major, lorsque le Lieutenant-colonel commandera le régiment.

21.

S'IL y avoit dans la place plusieurs Officiers généraux

employés, le Major de la place ne recevra les ordres & le mot que du premier ou du plus ancien, & il les enverra aux autres, après la fermeture des portes, par un Aide-major de la place; il les enverra de même aux Inspecteurs généraux des Troupes: cet Aide-major laissera par écrit, cacheté, l'ordre & le mot auxdits Officiers généraux ou Inspecteurs, s'il ne les trouve pas chez eux.

A l'égard des Brigadiers employés, le Major de la place leur enverra de même le mot par le Sergent de garde le plus près de son logement.

22.

Grenadiers.

LE corps des Grenadiers de France, lorsqu'il enverra à l'ordre, formera un cercle à part, & alors les autres Grenadiers de la garnison feront cercle avec eux, & prendront rang avec eux suivant l'ancienneté de leur régiment.

23.

Gardes-françoises ou suisses.

LE Major ou Aides-majors des régimens des Gardes-françoises & suisses prendront directement l'ordre & le détail du service du Commandant supérieur de la place, pour le rendre au cercle particulier de ces corps.

24.

Ordre pour prendre & donner le mot.

UNE heure avant la fermeture des portes, le Major & les Aides-majors de la place se rendront chez le Commandant supérieur de la place; le Major rendra le mot de ralliement, qu'il distribuera sur le champ aux Officiers-majors chargés de la fermeture des portes, lesquels le rendront aux portes extérieures lors de cette fermeture.

25.

LE Major prendra ensuite le mot pour le distribuer sur la place aux bas Officiers de service après la fermeture des portes.

26.

UNE demi-heure avant la fermeture des portes, le Tambour-major & le Timbalier de chaque régiment, rassembleront tous les Tambours & les Trompettes de leur

leur régiment; ils leur feront former des rangs, en feront l'appel & l'inspection pour examiner s'ils sont dans l'état convenable; le Tambour-major & le Timbalier se placeront ensuite chacun à la tête de leur détachement, le Timbalier ayant le sabre à la main, & les conduiront dans cet ordre sur la place, les Tambours & Trompettes ayant la caisse sur le dos, & les trompettes en bandoulière; lorsqu'ils y seront arrivés, ils les formeront sur un ou plusieurs rangs, les Tambours poseront leur caisse à terre jusqu'à ce qu'on appelle à l'ordre, & le Timbalier remettra le sabre dans le fourreau.

27.

LES Commandans des postes de l'intérieur de la place ou du quartier, enverront immédiatement après la fermeture des portes, sur la place d'armes, un bas Officier de leur garde pour prendre le mot au cercle, où il prendra la place qu'il doit tenir; s'il s'étoit passé quelque chose à son poste, il en feroit le rapport au Major de la place après que le mot sera donné.

28.

SI le poste est commandé par un Sergent ou un Maréchal-des-logis, ce sera le Caporal ou le Brigadier qui ira à l'ordre; & s'il est commandé par un simple Caporal ou Brigadier, ce sera un Appointé ou un Carabinier.

29.

LE Major de la place qui devra donner le mot s'étant rendu sur la place d'armes, ordonnera au Tambour de la garde de la place de battre à l'ordre.

30.

A ce signal, tous les Sergens, Maréchaux-des-logis, Caporaux, Brigadiers, Appointés & Carabiniers de garde formeront un cercle qui commencera par les Sergens & Maréchaux-des-logis du plus ancien régiment, & finira par l'Appointé ou Carabinier du régiment le moins ancien.

31.

LORSQUE ce cercle se formera, l'Officier de garde de la place enverra six Fusiliers, conduits par un Caporal, pour entourer ce cercle ; ils se placeront à quatre pas hors du cercle, & présenteront les armes en dehors.

32.

LE cercle étant formé, le Major de la place y entrera, conduit par le Caporal de consigne de la garde de la place d'armes, qui apportera un falot pour l'éclairer ; il appellera ensuite à l'ordre, ôtera son chapeau, ainsi que les Sergens, Maréchaux-des-logis, Caporaux, Brigadiers, Appointés & Carabiniers, & leur donnera le mot commençant par celui du plus ancien régiment, qui le donnera au bas Officier qui sera à sa gauche, celui-ci au troisième, & ainsi de suite jusqu'au dernier Appointé ou Carabinier, qui viendra le rendre au Major de la place ou du quartier.

33.

SI lorsque le mot aura été rendu au Major de la place ou du quartier il se trouve qu'il ait été changé, il sera donné une seconde fois dans la même forme, ce qui sera répété autant de fois qu'il sera nécessaire.

34.

LE mot étant donné, le Major de la place commandera, *rompez le cercle :* à ce commandement, tous les bas Officiers retourneront à leurs postes, pour porter le mot au Commandant dudit poste & aux Sergens, Maréchaux-des-logis, Caporaux & Brigadiers qui seront de garde avec eux.

35.

LE cercle étant rompu, le Tambour-major & le Timbalier rassembleront les Tambours & les Trompettes pour battre & sonner la retraite à l'heure qui sera indiquée ci-après.

36.

LORSQUE les bas Officiers donneront le mot aux

Officiers, ils le leur donneront à l'oreille, ayant le chapeau bas, & les Officiers le recevront de même.

37.

Le mot de l'ordre n'étant néceſſaire que pour la viſite des poſtes & pour faire les rondes ſur le rempart, ne ſera donné qu'aux Officiers & bas Officiers de ſervice.

TITRE X.

De la Retraite & des Patrouilles.

ARTICLE PREMIER.

LA retraite générale de la garniſon ſera battue en tout temps, une demi-heure après le mot donné. *De la retraite. Heures de celle de la garniſon.*

2.

Dès que ladite heure ſonnera, tous les Tambours battront enſemble la retraite, & partiront de la place d'armes, en continuant de battre juſqu'à leur quartier.

Les Trompettes la ſonneront enſemble ſur la place d'armes, & au quartier de leur régiment lorſqu'ils y ſeront de retour.

3.

Lorsqu'il y aura des régimens ſuiſſes ou autres régimens étrangers dans la place, les Tambours des régimens françois & ceux des autres régimens étrangers, partiront tous enſemble les premiers, & ceux des ſuiſſes ſéparément à leur ſuite. *Marche des Tambours.*

4.

Pourront cependant les Commandans ſupérieurs des places, affecter aux différens corps des Tambours ou des Trompettes, des quartiers particuliers, pour y battre ou ſonner la retraite; auquel cas ils partiront tous enſemble de la place d'armes & s'y ſépareront pour aller, chaque bande, au quartier qui lui ſera déſigné, où ils ceſſeront de battre à l'endroit qui leur aura été preſcrit.

TITRE X.

Heures de la retraite des Bourgeois.

5.

LA retraite des bourgeois ſera ſonnée à dix heures du ſoir, par la cloche du beffroi ou autre à ce deſtinée.

Patrouilles.

6.

IL ſera tous les jours commandé à l'ordre, par le Major de la place ou du quartier, les patrouilles néceſſaires pour parcourir les rues de la place ou du quartier, depuis le commencement de la nuit ſuivante juſqu'au jour.

7.

LE nombre de ces patrouilles ſera réglé par le Commandant ſupérieur de la place ou du quartier, qui leur preſcrira le chemin qu'elles auront à parcourir, obſervant de leur en faire changer ſouvent.

8.

CES patrouilles ſeront tirées des poſtes intérieurs de la place, & commandées par un Caporal ou Brigadier, un Appointé ou un Carabinier; il y aura un Sergent de ville & un Habitant à chacune des patrouilles de la place d'armes dès que la retraite des Bourgeois ſera ſonnée.

9.

POUR s'aſſurer que ces patrouilles ſeront faites exactement, il leur ſera donné des marrons (ou des pièces de cuivre ou de fer-blanc) ſur leſquels le numéro & l'heure des patrouilles ſeront écrits, & que leſdites patrouilles ſeront obligées de porter & de dépoſer dans des boîtes à certains poſtes qu'on leur indiquera; ces marrons ſeront diſtribués à la garde montante & remis au Soldat d'ordonnance de chaque poſte.

10.

DANS chaque corps-de-garde ou autres lieux déſignés pour recevoir les marrons des patrouilles, il y aura une boîte faite pour cet uſage, dont le Major de la place aura la clef, & ſur laquelle ſera marqué le nom du corps-de-garde ou autre poſte où elle devra être; laquelle boîte le Caporal de conſigne de chaque poſte devra porter tous les matins, ainſi qu'il a été preſcrit, chez le Major de la place en lui

portant

portant le rapport de la nuit, afin que ledit Major vérifie si les patrouilles ont été faites exactement; & s'il s'apercevoit qu'une patrouille eût manqué ou qu'elle n'eût pas fait son devoir, il en rendra compte au Commandant supérieur de la place ou du quartier, qui punira sévèrement le Commandant de ladite patrouille.

11.

CES patrouilles arrêteront tous les Officiers qui pourroient avoir quelques débats & querelles, & les conduiront chez le Major de la place ou du quartier, qui les fera mettre en lieu de sûreté jusqu'à ce que le Commandant supérieur de la place ou du quartier en ait ordonné.

12.

ELLES arrêteront pareillement & conduiront au corps-de-garde de la place tous les Gendarmes, Cavaliers, Dragons ou Soldats qui feront du désordre, ou qui, après la retraite battue ou sonnée, se trouveront dans les rues ou dans les cabarets, sans même y faire du bruit, lesquels Gendarmes, Cavaliers, Dragons ou Soldats seront mis au corps-de-garde de la place pour être punis le lendemain, suivant ce qui est prescrit par l'Ordonnance des crimes & délits militaires.

13.

A l'égard des Bourgeois qui seront trouvés faisant du désordre, les patrouilles se conformeront à ce qui est prescrit par les articles 17 & 18 du *titre III* de la présente Instruction.

14.

TOUTES les patrouilles examineront, tant en allant qu'en revenant, toutes les sentinelles postées sur le chemin qu'elles auront à parcourir, & déclareront sur le champ au Commandant du poste, & le lendemain au Major de la place & du quartier, toutes celles qu'elles n'auront pas trouvées en règle.

15.

LORSQUE les patrouilles se rencontreront, la première qui découvrira l'autre, criera, *qui vive;* l'autre répondra, *patrouille*, & de quel régiment; la premiere s'annoncera ensuite, & lorsqu'elles se joindront, le bas Officier du moins ancien régiment ou de la moins ancienne compagnie, donnera le mot à celui du plus ancien régiment ou de la plus ancienne compagnie.

TITRE XI.

Des Rondes.

ARTICLE PREMIER.

Nombre d'Officiers & Sergens commandés.

LE Commandant supérieur de la place, règlera le nombre d'Officiers & de Sergens de ronde que la garnison devra fournir, de manière que chacun d'eux ne soit commandé tout au plus que tous les quinze jours pour ce genre de service, à moins de nécessité.

2.

LES Officiers & Sergens des compagnies de Grenadiers, seront tenus de faire la ronde comme ceux des compagnies de Fusiliers, & rouleront avec eux pour ce service.

3.

LES Officiers subalternes des régimens des Gardes-françoises & suisses, feront la ronde dans les places où ils se trouveront en garnison, ainsi que les autres Officiers d'Infanterie.

4.

Heures des rondes.

LE Commandant supérieur de la place règlera pareillement les heures où les rondes devront être faites, selon les saisons.

Quand les garnisons seront trop foibles pour fournir assez d'Officiers ou de bas Officiers pour les rondes de chaque nuit, on y suppléera en mettant sur l'état des rondes les Sergens de garde qui ne commanderont pas la garde de laquelle ils seront.

5.

LES Officiers commandés pour faire la ronde, en arrivant au poste d'où ils devront partir pour la commencer, prendront le mot du Sergent ou Maréchal-des-logis de ce poste, qui seront tenus de leur donner.

6.

Chemins qu'elles auront à parcourir.

LES rondes partiront du poste qui sera désigné par le Commandant supérieur de la place, & feront le tour du rempart en entier, pour aboutir au même poste dont elles seront parties.

7.

DANS les places d'une trop grande étendue, on pourra régler les rondes de manière que chaque Officier ou Sergent n'en fasse que la moitié, c'est-à-dire qu'il ne parcoure que la moitié de la totalité de la ronde : dans ce cas il sera indiqué le poste d'où chaque ronde devra partir, & celui où elle devra finir sa tournée.

8.

Rondes doubles.

LORSQUE lesdits Commandans supérieurs des places le jugeront à propos, ils ordonneront une ronde de Sergent en même temps qu'une ronde d'Officier; alors ces deux rondes prendront les deux chemins contraires, pour se croiser au milieu de celui qu'elles auront à parcourir.

9.

Contre-rondes.

ILS pourront aussi faire faire des contre-rondes par des Officiers ou des Sergens qu'ils feront partir des autres postes.

10.

Registre des rondes.

LE Major de la place sera obligé de tenir un registre pour y écrire le nom & le grade des Officiers de ronde, & les différentes heures qui leur seront échues.

Il y écrira de même le nom des Sergens de ronde, & celui de la compagnie dont ils seront.

11.

LES Officiers & Sergens qui devront faire la ronde,

feront commandés à l'ordre immédiatement après ceux qui devront monter la garde le lendemain; favoir, les Officiers & le nombre des Sergens par le Major de la place, & les Sergens par le Major de leur régiment, au cercle dudit régiment.

12.

LES Fourriers des compagnies dont on aura nommé à l'ordre des Officiers ou Sergens pour la ronde dans la nuit fuivante, tireront les rondes en même temps & de la même manière que les gardes & les poftes.

13.

IL fera en même temps délivré à ces Fourriers autant de marrons, où l'heure de la ronde fera empreinte, qu'il y aura de corps-de-garde fur le chemin que chaque ronde aura à parcourir.

14.

DÈS que lefdits Fourriers auront achevé de tirer des rondes pour les Officiers & Sergens de leur compagnie, commandés pour ce fervice, & qu'ils auront reçu les marrons, ils iront le leur porter fur la place d'armes en leur donnant un billet par écrit de l'heure à laquelle ils devront faire la ronde, & du pofte où ils devront la commencer.

15.

Signature des Officiers de ronde.

AFIN de s'affurer encore plus fi les rondes fe font exactement, il y aura des corps-de-garde défignés, où les Officiers & Sergens de ronde feront tenus de figner leur nom dans un regiftre uniquement deftiné à cet ufage, & qui y fera fourni par le Major de la place.

16.

IL y aura d'autres corps-de-garde où ils laifferont un marron & figneront encore.

17.

ILS obferveront en fignant fur les regiftres, de ne point laiffer d'intervalle entre leur nom & les numéros de ceux qui auront déjà figné.

18.

18.

DANS chaque corps-de-garde ou autres lieux désignés pour recevoir les marrons des rondes, il y aura des boîtes semblables à celles dont on a parlé pour les patrouilles, lesquelles boîtes, ainsi que les registres des rondes, seront portées tous les matins avec le rapport, par le Caporal de consigne de chaque poste, au Major de la place, pour qu'il vérifie si elles ont été bien faites, & qu'il rende compte ensuite au Commandant supérieur de la place des Officiers ou Sergens qui auroient manqué à faire leur ronde, qui ne l'auroient pas faite aux heures ordonnées, ou qui l'auroient mal faite.

19.

Rondes se feront à pied.

LES Officiers & Sergens commandés pour les rondes, ne les pourront faire qu'à pied. Si cependant il se trouvoit dans un régiment quelqu'Officier assez âgé ou assez infirme pour ne le pouvoir pas, Sa Majesté trouve bon que le Commandant supérieur de la place lui permette de faire la ronde à cheval; bien entendu qu'il pourra suivre le chemin des rondes dans toutes ses parties aussi exactement que s'il étoit à pied, & qu'il portera avec lui cette permission par écrit, au moyen de laquelle le Commandant de chaque poste ordonnera à ses sentinelles de le laisser passer; observant seulement de lui faire mettre pied à terre à tous les corps-de-garde où il devra donner le mot.

20.

Falot de ronde.

TOUT Officier de ronde fera, sous peine de trois livres d'amende, porter un falot devant lui, & ne se servira pour cela d'aucun Soldat pris dans les corps-de-garde, qui n'en fourniront que pour éclairer de poste en poste la ronde Major, & celles du Commandant supérieur de la place.

21.

LES Sergens de ronde, seront obligés, sous peine de dix sols d'amende, de porter un falot qui leur sera fourni avec la chandelle nécessaire, dans le poste où ils devront commencer à faire leur ronde, & qu'ils seront tenus d'y rapporter dès qu'elle sera finie.

22.

LES Officiers & Sergens de ronde, suivront exactement leur chemin le long du parapet des ouvrages dans lesquels ils devront passer. Ils examineront si les sentinelles sont bien exactes à leur faction, s'il n'y en a point d'endormies & s'il n'en manque point; ils monteront de temps en temps sur le parapet pour voir, lorsque la nuit ne sera pas trop obscure, ou du moins pour écouter ce qui se passera dans le fossé; ils s'arrêteront à tous les corps-de-garde pour y donner le mot.

23.

SI celui qui fera une ronde, découvre quelque chose qui intéresse la sûreté de la place, il en avertira sur le champ le Commandant des postes voisins, afin qu'il prenne les mesures convenables suivant la circonstance, & il se rendra tout de suite chez le Commandant supérieur pour l'en informer; mais si ce qu'il aura découvert n'est que contre le bon ordre dans les dehors de la place ou dans l'intérieur, il se contentera d'en instruire le Major de la place par un billet qu'il lui fera porter par un Fusilier du premier poste, ce qu'il ne fera qu'au cas que les Commandans des postes ne puissent pas remédier à ce qui aura été découvert.

Il avertira aussi le Commandant de ce poste, dont il aura surpris des sentinelles en faute ou en négligence.

24.

TOUTES les fois qu'ils devront donner ou recevoir le mot, ils mettront la main sur la garde de leur épée sans ôter leur chapeau.

25.

LORSQUE les rondes se rencontreront sur le rempart ou ailleurs, la première qui découvrira l'autre criera, *qui va là*, l'autre répondra, *ronde*, en disant si c'est de Capitaine, de Lieutenant ou de Sergent; la premiere s'annoncera enſuite, & lorſqu'elles ſe joindront, l'Officier du grade inférieur donnera le mot, & ſi le grade eſt égal, l'Officier ou le Sergent du plus ancien régiment le recevra.

26.

Ronde major.

LE Major de la place, & à ſon défaut un Aide-major fera tous les jours la ronde pendant la nuit, obſervant de ne pas la faire tous les jours à la même heure.

27.

IL ſera eſcorté, pendant cette ronde, par deux Soldats du corps-de-garde de la place d'armes, & ſucceſſivement de tous les autres poſtes.

28.

IL vérifiera, en faiſant cette ronde, ſi le mot eſt bon dans tous les poſtes. Il examinera ſi tout eſt en règle, s'il n'y manque perſonne, ſi le Commandant du poſte & les ſentinelles ſont bien inſtruits de leurs différentes conſignes, ſi les ſentinelles ſont alertes, ſi elles ſont placées où elles doivent être, & ſi toute la garde eſt exacte à remplir ſes devoirs; enfin il ſe fera rendre compte de tout ce qui ſe ſera paſſé depuis la garde montée, & lorſque ſa ronde ſera finie, il ira lui-même en rendre compte au Commandant ſupérieur de la place, & lui portera le mot en même temps.

29.

Ronde de l'Officier général, Gouverneur, Lieutenant de roi ou autre Commandant.

L'OFFICIER général, Gouverneur, Lieutenant de Roi ou autre Commandant de la place fera la ronde toutes les fois qu'il le jugera à propos, & en faiſant cette ronde, il ſera eſcorté par quatre Fuſiliers du corps-de-garde de la place d'armes, & ſucceſſivement de tous les autres poſtes; il pourra, ainſi que le Major ou Aide-major de la place, faire ſa ronde à cheval, ſans être obligé d'en deſcendre en aucun cas.

30.

LORSQU'EN faiſant cette ronde il approchera d'un

corps-de-garde, & que la sentinelle aura averti son Caporal, celui-ci en avertira le Commandant du poste; lequel fera sortir toute sa garde, & la placera en haie ou sur plusieurs rangs au dehors du corps-de-garde, dans le même ordre qu'elle doit être disposée pendant le jour.

31.

LEDIT Commandant du poste ayant alors fait encore reconnoître cette ronde, il se fera éclairer par le Caporal de consigne & escorter par quatre Fusiliers de son poste, qui feront *haut les armes*, & marcheront à deux pas derrière lui; il s'avancera jusqu'à dix pas en avant de sa garde où s'arrêtant, il criera, *avance à l'ordre*; & lorsque celui qui fera la ronde se sera approché de lui, en mettant la main sur la garde de son épée, il lui donnera le mot.

32.

QUAND celui qui fera cette ronde, devra recevoir le mot du Commandant du poste, il mettra la main sur la garde de l'épée pour le recevoir, sans que l'un ni l'autre ôtent leur chapeau, & les quatre Fusiliers de l'escorte de ladite ronde, présenteront les armes jusqu'à ce que le mot ait été donné.

33.

IMMÉDIATEMENT après que le Commandant du poste en aura rendu compte, que la ronde aura été expédiée, & que les quatre Fusiliers de cette escorte auront été relevés par d'autres, le plus ancien de ces quatre Fusiliers leur fera les commandemens nécessaires pour faire demi-tour à droite & porter les armes au bras, & il les ramènera ensuite en règle au poste dont ils auront été détachés pour cette escorte.

34.

LORSQUE le Major ou l'Aide-major de la place fera sa première ronde, appelée *ronde major*, il sera reçu de la même manière dans tous les postes, & le Commandant du poste lui donnera le mot, mais ledit Commandant ne sera tenu de s'avancer que jusqu'à quatre pas en avant de

sa

ſa garde, & alors il ne ſera accompagné que de deux Fuſiliers, ſans cependant pouvoir ſe diſpenſer de faire ſortir ſa garde du corps-de-garde, afin que ledit Major ou Aide-major de la place puiſſe vérifier s'il ne manque perſonne, & ſi elle eſt en règle.

35.

SI l'Officier général, Gouverneur, Lieutenant de Roi, ou autre Commandant de la place, juge à propos de faire plus d'une ronde dans la nuit, le Commandant de chaque poſte ira le recevoir, & lui donnera le mot comme à la première ronde; mais ſi après la ronde Major, le Major ou l'Aide-major de la place en veut faire quelque autre, il donnera lui-même le mot au Caporal, qui ne le recevra que comme une ſimple ronde.

36.

LES Sergens qui commanderont dans des poſtes, y recevront les rondes de la même manière qu'il eſt preſcrit aux Officiers de le faire.

37.

LES Inſpecteurs pourront faire leur ronde quand ils le jugeront à propos; les Commandans des poſtes en uſeront à leur égard de même qu'il eſt ci-deſſus preſcrit pour l'Officier général, Gouverneur, Lieutenant de Roi, ou autre Commandant de la place.

38.

LA Cavalerie & les Dragons ſe conformeront à l'égard de ces rondes & de celles du Commandant & du Major de la place ou du quartier, à tout ce qui vient d'être preſcrit pour les rondes de l'Infanterie.

TITRE XII.

De l'assemblée des Troupes, & des revues des Commissaires des guerres.

ARTICLE PREMIER.

LORSQUE toute la garnison devra prendre en entier les armes, on battra & sonnera d'abord *la générale* & *le boute-selle*, ensuite *l'assemblée* & *le drapeau*, ou *à cheval.*

S'il n'y a qu'une partie de la garnison qui doive prendre les armes, on battra & on sonnera, au lieu de *générale* & *boute-selle*, *le premier* ou *la marche.*

2.

EN cas d'alarme, de telle espèce qu'elle soit, & qui sera reconnue par *la générale* battue sans avoir été annoncée, chaque régiment se rendra, sans perte de temps, au lieu qui lui aura été marqué dans l'ordre qu'il aura écrit dès le premier jour de son arrivée, afin qu'il puisse le reconnoître d'avance, ainsi que les chemins qui y conduiront; & chaque Officier & bas Officier se trouvera promptement à ce rendez-vous pour rassembler & former avec le plus de célérité sa troupe, & en faire l'appel. Chaque troupe y attendra ensuite les ordres du Commandant supérieur de la place ou du quartier.

3.

SI toute l'Infanterie doit prendre les armes pour border le rempart, tous les régimens se rangeront par ancienneté, le premier ayant la droite.

4.

Revues. ON se conformera pour les revues des Commissaires des guerres, à tout ce qui a été prescrit par l'Ordonnance du 20 mars 1764, concernant lesdites revues.

TITRE XIII.

De la discipline des Troupes dans les Places ou Quartiers.

ARTICLE PREMIER.

ON ne pourra faire recevoir aucun Officier ni bas Officier, ni publier aucune Lettre de casse, sans la permission du Commandant supérieur de la place.

2.

Absence des Gouverneurs & Commandans.

LES Gouverneurs des places sujets à résidence, & les Commandans des villes & châteaux, ne pourront s'en absenter pour plus de quatre jours, sans un congé signé de Sa Majesté, & contre-signé du Secrétaire d'État ayant le département de la guerre; lequel congé leur sera accordé sur la demande qui en sera faite audit Secrétaire d'État par le Commandant en chef du département ou de la province.

3.

LESDITS Gouverneurs & Commandans de la place ne pourront même s'en absenter pour un jour, en quelque cas que ce puisse être, si le Lieutenant de Roi ou le Major de la place n'y est présent & en état de commander en leur absence.

4.

Des autres Officiers-majors.

LES autres Officiers des États-majors des places seront sujets aux mêmes règles pour faire autoriser leur absence, & seront de plus obligés de demander la permission du Commandant supérieur de la place.

5.

Des Officiers d'Artillerie, des Ingénieurs & des Commissaires des guerres.

LES Ingénieurs, Officiers d'Artillerie & Commissaires des guerres, dont les fonctions s'étendent hors de la place de leur résidence ordinaire, demanderont la permission de s'absenter au Commandant de ladite place, lequel ne pourra ni les obliger de s'expliquer sur les motifs de leur absence, ni leur rien prescrire sur le temps de leur retour; mais ils ne pourront s'absenter un seul jour du terrain de l'étendue de leurs fonctions, sans en avoir obtenu la permission, savoir; les Officiers de l'Artillerie, du Commandant en chef de l'Artillerie; les Ingénieurs, du Commandant du Génie; & les Commissaires des guerres, de l'Intendant, s'il y en a.

6.

Des Officiers de la garnison.

NUL Officier dont le régiment sera dans une place ou dans un quartier, ne pourra s'en absenter, ne fût-ce que pour une nuit, sans la permission du Commandant supérieur de la place, qui ne la donnera que sur un consentement par écrit du Commandant de son régiment, quand bien même il seroit de semestre, ou qu'il auroit obtenu un congé de Sa Majesté.

7.

LEDIT Commandant supérieur de la place ou du quartier, ni le Commandant du corps, ne pourront, sous tel prétexte que ce soit, accorder à tout Officier qui n'aura pas obtenu un congé de la Cour, la permission de s'absenter de la place pour plus de deux nuits, sans des raisons importantes dont il sera tenu de rendre compte sur le champ au Secrétaire d'État de la guerre & au Commandant en chef du département ou de la province.

8.

LES Commandans en chef des provinces pourront, sur la réquisition des Commandans des corps, accorder des permissions de s'absenter aux Capitaines & autres Officiers qui seront en garnison dans les places de leur commandement, mais seulement pour huit jours, & à un Capitaine, un Lieutenant & un Sous-lieutenant seulement à la fois, de chaque bataillon ou de chaque régiment de Cavalerie ou de Dragons, & pourvu qu'ils ne soient pas de la même compagnie.

9.

9.

LES permiſſions de s'abſenter, qui auront été ainſi accordées aux Officiers, ſoit par le Commandant des provinces ou par ceux des places, ne pourront autoriſer ceux qui les auront obtenues à ſortir de l'étendue de la province où ils ſeront en garniſon ou en quartier.

10.

LES Officiers qui auront été abſens iront, à leur retour, rendre compte de leur arrivée au Commandant ſupérieur de la place & à celui de leur régiment, leſquels feront mettre en priſon ceux qui n'auront pas rejoint exactement leur corps à l'expiration des congés, ſemeſtres & permiſſions qu'ils auront obtenus, & les y tiendront autant de jours qu'ils en auront manqué à ſe rendre à leur devoir, & ſi ce terme excède celui de quinze jours, il en ſera rendu compte ſur le champ au Secrétaire d'État ayant le département de la guerre, & au Commandant en chef du département ou de la province.

11.

NUL Capitaine ne pourra permettre à un bas Officier ou Soldat de ſa compagnie, de ſortir de la place ou du quartier ſans un billet du Commandant de ſon régiment, viſé par le Commandant ſupérieur de la place.

12.

LES congés limités qui ſeront donnés aux bas Officiers & Soldats de la garniſon d'une place, ſeront nuls, ſi outre la ſignature du Commandant de la compagnie dont ils ſeront, celles du Commandant & du Major ou Aide-major de leur régiment, ils ne ſont encore approuvés par le Commandant ſupérieur de la place, & viſés par le Commiſſaire des guerres.

13.

De la ſubordination.

LES Colonels, Meſtres-de-camp & autres Commandans des corps, ſeront tenus d'être ſubordonnés & d'obéir avec la plus grande exactitude à l'Officier général, dans le diſtrict duquel ſera leur régiment, & de lui rendre compte de tout ce qui s'y passera concernant le service, la discipline, la tenue, l'exercice, la subordination, & en un mot tout ce qui peut être relatif au bien du service.

14.

LESDITS Colonels, Mestres-de-camp ou Commandans des corps, seront responsables de l'exécution de tous les ordres concernant leur troupe, qui leur seront adressés par ledit Officier général, de la discipline, de la tenue, de la subordination & des exercices de leur corps, & de la conduite de tous les Officiers, bas Officiers & Soldats qui serviront sous leurs ordres.

15.

LES Colonels & Mestres-de-camp exigeront, pour le service du Roi, l'obéissance la plus entière & l'exactitude la plus parfaite, de la part de leur Lieutenant-colonel & de tous les autres Officiers de leur régiment, & ils établiront cette discipline dans leur corps, de manière que la subordination prescrite dans chaque grade d'Officiers, bas Officiers, Soldats, Cavaliers ou Dragons, soit suivie avec la plus grande rigueur, Sa Majesté les en rendant responsables.

16.

QUOIQUE le Colonel ou le Mestre-de-camp d'un régiment, soit présent au corps, le Lieutenant-colonel conservera sur le Major, les Capitaines & autres Officiers de ce régiment, la même autorité que s'il se trouvoit commander le corps, & que le Colonel fût absent.

17.

EN présence du Colonel ou Mestre-de-camp & du Lieutenant-colonel d'un régiment, le Major conservera sur les Capitaines & autres Officiers de ce régiment, la même autorité que s'il se trouvoit commander le corps, & que le Colonel & le Lieutenant-colonel fussent absens.

18.

EN l'absence du Colonel ou Mestre-de-camp, du

Lieutenant-colonel & du Major d'un régiment, le Capitaine le plus ancien commandera le corps, & les autres Officiers lui devront la même obéiſſance qu'au Colonel ou Meſtre-de-camp s'il étoit préſent.

Les Aides-majors qui auront la commiſſion de Capitaine, & ſe trouveront les plus anciens Capitaines, prendront le commandement du corps; l'intention de Sa Majeſté étant qu'à l'avenir les Aides-majors qui auront la commiſſion de Capitaines ceſſent de rouler entr'eux de la date de leurs brevets d'Aides-majors, mais qu'ils roulent entr'eux dans le corps du jour de leur commiſſion de Capitaine.

19.

TOUTES les fois qu'il ſera détaché d'un régiment un bataillon, un eſcadron, une ou pluſieurs compagnies, ou toute autre troupe, le Capitaine ou autre Officier qui ſe trouvera commander ledit détachement, aura ſur tous les Officiers, bas Officiers, Soldats, Cavaliers ou Dragons de ce détachement, la même autorité que le Colonel ou le Meſtre-de-camp du régiment, s'il étoit préſent.

20.

EN l'abſence du Colonel ou Meſtre-de-camp, tous les ordres concernant le régiment, ſeront adreſſés au Lieutenant-colonel, s'il eſt préſent; & à ſon défaut, au Major; & au défaut de celui-ci, à l'Officier le plus ancien en grade qui ſe trouvera commander le corps, & lui ſeul ſera chargé de les faire exécuter & d'en rendre compte, ſans que leſdits ordres puiſſent être adreſſés directement au Major ni à tout autre Officier, lorſque le Lieutenant-colonel ſera préſent, & ſans que ledit Major ou autre Officier puiſſe ſe diſpenſer de ſe conformer à cet égard aux ordres qu'il recevra du Lieutenant-colonel.

21.

LORSQUE le Colonel ou Meſtre-de-camp d'un régiment ſera abſent avec un congé on une permiſſion de Sa Majeſté, le Lieutenant-colonel, le Major ou tout autre Officier qui se trouvera commander le corps en l'absence dudit Colonel ou Mestre-de-camp, sera tenu de lui rendre compte à la fin de chaque mois, ou plus souvent si les circonstances l'exigent, de tout ce qui s'y sera passé, & il ne pourra se dispenser d'exécuter les ordres qu'il en recevra; bien entendu cependant qu'il n'en recevra point de contraires du Commandant supérieur de la place, ou de l'Inspecteur du régiment.

22.

L'OFFICIER qui se trouvera commander un bataillon ou un escadron, une ou plusieurs compagnies détachées, ou tout autre détachement, sera tenu pareillement de rendre compte à la fin de chaque mois, & plus souvent si les circonstances l'exigent, au Commandant de son corps, de tout ce qui se sera passé dans son détachement, & il ne pourra se dispenser d'exécuter ses ordres.

23.

LE Colonel, Mestre-de-camp, ou tout autre Commandant d'un régiment, ne pourra se dispenser de rendre les mêmes comptes de ce qui s'y passera, à l'Officier général sous les ordres duquel sera ledit régiment, ni d'exécuter les ordres qu'il en recevra, quoique ledit Officier général soit absent, pourvu que ce soit avec un congé ou une permission de Sa Majesté.

24.

LEDIT Colonel, Mestre-de-camp, ou tout autre Commandant d'un régiment, sera tenu de rendre pareillement compte de tous les détails relatifs à l'inspection de ce régiment, à l'Inspecteur général qui sera chargé de l'inspection de ce corps, toutes les fois que ledit Inspecteur l'exigera, quoiqu'il soit absent.

25.

L'INTENTION de Sa Majesté est que tous les ordres donnés par les Supérieurs de grade en grade, soient exécutés avec toute la déférence & le respect qui leur sont dûs.

26.

26.

ET à cet effet, tout Colonel ou Mestre-de-camp, ou autre Commandant de corps, exigera de tous ceux qui seront sous ses ordres, la même déférence & le même respect qu'il aura lui-même pour les Officiers qui lui seront supérieurs ; les Capitaines l'exigeront aussi des Officiers subalternes, & tiendront la main à ce qu'ils remplissent exactement tous les devoirs de leur état ; Sa Majesté autorisant les Capitaines à faire mettre aux arrêts ceux qui y manqueront, en en rendant compte sur le champ au Commandant du corps.

27.

L'INTENTION de Sa Majesté est qu'il lui soit pareillement rendu compte par les Officiers généraux & Inspecteurs, des Colonels ou Mestres-de-camp, Lieutenans-colonels & Majors qui manqueroient à se faire obéir & respecter des Capitaines & autres Officiers de leur corps. Voulant Sa Majesté qu'ils donnent tout leur soin à instruire & discipliner les Officiers de leur régiment, en les obligeant, sans ménagement, à remplir exactement leur devoir, pour qu'ils méritent dans la suite l'avancement auquel ils peuvent prétendre.

28.

LE Commandant supérieur de la place ou du quartier & le Commandant de chaque corps, tiendront sévèrement la main à ce que tous les Officiers de la garnison portent toujours exactement l'habit, la veste, la culotte, & toutes les autres parties de l'uniforme de leur régiment, & même à ce qu'ils n'aient des redingotes que des couleurs affectées à leur régiment, sans broderies ni galons, ni boutonnières d'or ou d'argent, à moins qu'il ne leur soit permis d'en avoir à leur uniforme.

29.

LEDIT Commandant supérieur de la place & le Commandant du corps, tiendront pareillement la main à ce qu'aucun Officier de la garnison ou du quartier ne porte des dentelles.

30.

L'INTENTION de Sa Majesté est que les Officiers qui contreviendront à ce qui est prescrit par les deux articles ci-dessus, soient punis pour la première fois par une amende du quart d'un mois de leurs appointemens en faveur de la Masse de l'entretien particulier du Soldat; & en cas de récidive, qu'ils soient mis en prison, pour y rester jusqu'à ce que, sur le compte qui en sera rendu à Sa Majesté, Elle donne ses ordres pour les faire casser.

31.

LORSQU'UN Officier sera en deuil, il portera un crêpe noir au bras gauche, sans que d'ailleurs il puisse rien changer au reste de son uniforme.

32.

DÉFEND Sa Majesté aux bas Officiers, Soldats, Cavaliers & Dragons, de se travestir & de quitter dans aucun cas & sous tel prétexte que ce puisse être, aucune marque de leur uniforme, sous les peines portées par l'Ordonnance des crimes & délits militaires.

33.

Détention des Officiers.

LORSQUE quelqu'Officier d'une garnison aura commis une faute grave, le Commandant supérieur de la place ou du quartier le fera arrêter, & en informera dans les vingt-quatre heures le Secrétaire d'État ayant le département de la guerre & le Commandant en chef du département ou de la province.

34.

À l'égard de ceux qui manqueront de conduite, Sa Majesté s'en remet audit Commandant supérieur de la place ou du quartier & au Commandant du corps dont ils seront, de les tenir en prison tout le temps qu'ils jugeront nécessaire pour leur correction; bien entendu cependant que ledit Commandant du corps sera tenu d'en rendre compte au Commandant de la place, celui-ci à l'Officier général dans le district duquel sera comprise ladite place, & ce dernier au Commandant en chef de la province ou du département.

35.

TOUT Officier supérieur d'un régiment, qui méritera d'être puni par la détention, sera toujours mis aux arrêts dans son logement; & s'il est coupable d'un crime capital, il y sera gardé par un bas Officier, qui restera toujours dans son appartement, & par une garde suffisante pour empêcher son évasion.

36.

TOUT Officier qui sera pareillement dans le cas d'être puni, sera aux arrêts dans sa chambre, son épée ou son sabre sera porté chez le Commandant du corps; mais s'il a commis quelque faute grave, ou s'il est coupable d'un crime capital, il sera mis en prison.

37.

TOUT Officier qui sortira de prison ou des arrêts, se rendra chez l'Officier par l'ordre duquel il y aura été mis, & qui sera censé l'en avoir fait sortir, pour le remercier.

38.

LES Officiers généraux & les Commandans des places & des quartiers, feront punir, conformément à l'Ordonnance des crimes & délits militaires, tout bas Officier, Soldat, Cavalier & Dragon qui sera prévenu de crime, ou qui aura manqué au service de la place, de quelque corps qu'il soit, en en faisant ensuite avertir le Commandant du corps.

39.

LES Officiers supérieurs des corps pourront pareillement faire punir les bas Officiers, Soldats, Cavaliers & Dragons de leurs corps, qui seront tombés en faute, en en rendant compte au Commandant supérieur de la place ou du quartier : les Officiers particuliers du corps pourront en faire de même en en rendant compte au Commandant du corps & au Commandant supérieur de la place ; mais les Commandans des corps, ni les Officiers particuliers ne les feront point mettre en liberté sans la permission dudit Commandant supérieur de la place.

A l'égard des bas Officiers & Soldats suisses, dont les corps ont leur justice particulière, on les fera arrêter & remettre au Commandant de leur corps, en le faisant avertir des fautes qu'ils auront commises.

40.

LORSQUE la garde sera défilée de dessus la place d'armes, le Major de la place ou du quartier remettra chaque jour audit Commandant supérieur de la place ou du quartier, un état des prisonniers, sur lequel seront marqués la date & le sujet de leur détention.

41.

LEDIT Commandant supérieur de la place ou du quartier, donnera en conséquence ses ordres pour faire élargir ceux qu'il jugera à propos, ou dont l'élargissement lui sera demandé par les Commandans des corps. Le Major en fera un état, le signera & le remettra au Sergent de la garde de la place d'armes, qui le portera à la prison ; le Geolier fera sortir ceux qui seront sur cet état, sans frais ni aucune retenue de solde.

42.

Appels.

IL sera fait tous les jours quatre appels des Soldats pour l'Infanterie ; le premier se fera à l'heure du lever, le second à l'heure du dîner, le troisième à l'heure du souper, & le quatrième une heure après la retraite, heure à laquelle les Soldats devront être rentrés dans leurs quartiers : pour la Cavalerie & les Dragons, ces appels se feront, savoir, le premier à l'heure du lever, le second à l'heure de panser les chevaux le matin, le troisième à l'heure de se trouver le soir aux écuries pour donner à manger aux chevaux, & le quatrième une heure après la retraite sonnée.

43.

LES Sergens & Maréchaux-des-logis feront faire les appels en leur présence, chacun dans leur subdivision, par le Caporal ou le Brigadier de chaque escouade, & ils auront de la lumière quand ils feront l'appel pendant la nuit.

44.

POUR faire ces appels dans les casernes pendant le jour, les compagnies se mettront en haie par subdivision, division & escouades; & si les Troupes sont logées chez les Bourgeois, chaque subdivision s'assemblera devant la porte de son Sergent ou Maréchal-des-logis.

45.

CHAQUE Sergent ou Maréchal-des-logis, après avoir fait l'appel, sera tenu de remettre l'état des absens de sa subdivision au Fourrier de sa compagnie, qui, après avoir dressé l'état général des absens de sa compagnie, le portera à l'Aide-major ou Sous-aide-major de son bataillon ou escadron. L'état général de tout le régiment sera dressé par un Officier-major ou un Porte-drapeau, Porte-étendard ou Porte-guidon, qui en portera sur le champ un double au Major du régiment, & un autre au Major de la place ou du quartier, afin qu'ils soient instruits sans délai de l'absence des Soldats, Cavaliers ou Dragons.

46.

LORSQUE les rondes & patrouilles arrêteront, après la retraite sonnée, quelques Soldats, Cavaliers ou Dragons qui ne se trouveront pas dénoncés dans les billets d'appels, le Sergent ou Maréchal-des-logis de la subdivision dont ils seront, sera mis à dix sous d'amende; & si l'on s'aperçoit d'une négligence affectée, & qu'elle ait favorisé la désertion d'un Soldat, Cavalier ou Dragon, le Sergent ou le Maréchal-des-logis sera puni suivant ce qui sera prescrit par l'Ordonnance concernant les crimes & délits militaires.

47.

Aussitôt après que les Soldats seront levés, les jours qu'il n'y aura point d'exercices, & aussitôt après leur retour les jours d'exercices, les bas Officiers tiendront la main à ce que les chambres soient mises de tout point dans l'état de propreté convenable, & que le quartier soit nettoyé; le Tambour-major prendra le même soin des chambrées des Tambours.

48.

Tous les jours qu'il n'y aura point d'exercices, les Cavaliers & Dragons, se rendront aux écuries à cinq heures du matin en été, & à six heures pendant l'hiver; ils commenceront par relever la litière & nettoyer l'écurie; ils donneront en même temps à manger à tous les chevaux de la même écurie. Le Maréchal-des-logis de chaque subdivision sera tenu de s'y trouver, pour voir si tout se passe en règle, & s'il n'y a rien eu de nouveau pendant la nuit.

49.

Après que les chevaux auront mangé, les Cavaliers & Dragons les sortiront des écuries si le temps est beau, pour les panser dehors en présence des Fourriers, Maréchaux-des-logis, de l'un des Officiers subalternes & d'un Aide-major & Sous-aide-major, lesquels examineront avec attention s'ils les pansent bien, si les chevaux sont en bon état, s'ils sont bien ferrés, & s'il n'y en a point de malades ou de blessés.

50.

Le Lieutenant ou le Sous-lieutenant se fera rendre compte par les Maréchaux-des-logis de ce qui concernera sa compagnie; les Fourriers des deux premiers escadrons, rendront pareillement compte à l'Aide-major de tout ce qui pourroit y avoir de nouveau dans leur escadron, & les Fourriers des deux derniers escadrons, le rendront au Sous-aide-major.

51.

S'il se trouvoit des chevaux blessés, ils les feront panser devant eux, défendant de les monter, si le genre de leur blessure ne le permet pas.

S'il y en a de malades ou qui ne mangent pas bien, ils les feront examiner par le Maréchal, & sur le champ ils en avertiront l'Aide-major ou le Sous-aide-major.

52.

Tout cheval qui commencera à jeter, ou qu'on soupçonnera attaqué de quelque maladie contagieuse, sera sur le champ séparé des autres, & l'on prendra toutes les précautions convenables pour qu'il ne puisse pas en approcher.

53.

Les jours de marche ou au retour des exercices, on ne pansera les chevaux que lorsqu'ils seront secs, observant de ne les pas desseller plus tôt, & de les laisser le temps convenable sans manger ni boire, s'ils ont chaud.

54.

Les Officiers & bas Officiers tiendront la main à ce que tous les Cavaliers de chaque escouade pansent & prennent soin tour à tour des chevaux de cette escouade, dont les Cavaliers seroient à l'hôpital ou absens par congé, ou pour raison de service ou autrement, & à ce que ces chevaux soient aussi-bien que les autres.

55.

A sept heures & demie du matin en été, & à huit heures en hiver, le premier & le quatrième Maréchal-des-logis de chaque compagnie, mèneront les Cavaliers à l'abreuvoir, le premier Maréchal-des-logis de chaque compagnie marchant à la tête de la compagnie, & le quatrième à la queue, sans cheval de main, mais chaque Cavalier en menant un.

L'intention de Sa Majesté est que le Lieutenant ou le Sous-lieutenant de la compagnie se trouvent tour à tour à l'abreuvoir.

56.

On observera à l'abreuvoir de ne jamais faire entrer les chevaux dans l'eau toutes les fois qu'il sera possible de les faire boire à la gamelle ou au seau.

57.

Au retour de l'abreuvoir, on leur essuiera les jambes, s'ils sont entrés dans l'eau, & on leur donnera l'avoine à tous en même temps, observant de mettre un Cavalier de trois en trois chevaux, pour qu'ils mangent devant eux & qu'ils ne se battent pas.

58.

Le Lieutenant ou le Sous-lieutenant de chaque compagnie, ainsi que l'Aide-major & le Sous-aide-major, seront présens jusqu'à ce que les chevaux aient fini de manger l'avoine, après quoi ledit Aide-major ou Sous-aide-major ira rendre compte au Major de tout ce qui se sera passé depuis l'appel du soir précédent & pendant la nuit; le Lieutenant ou le Sous-lieutenant rendra le même compte au Capitaine, sur la place d'armes à la parade.

59.

Dès que les chevaux auront mangé l'avoine, les Cavaliers ou Dragons retourneront dans leurs chambrées, les bas Officiers obligeront lesdits Cavaliers ou Dragons à mettre les chambres dans l'état de propreté convenable, à nettoyer le quartier & à se rendre propre de tout point; le Timbalier ou le plus ancien Trompette, ou le plus ancien Tambour des régimens de Dragons, prendra le même soin pour les chambres des Trompettes & des Tambours de Dragons.

60.

Les Brigadiers tiendront la main à ce que les Cavaliers ou Dragons fassent tous les mois les crins, la barbe & les oreilles de leurs chevaux, & tous les deux mois le poil des jambes, en observant qu'en leur coupant tous les

les mois la queue, ils ne la coupent qu'à huit pouces de terre, & qu'ils ne coupent sur l'encolure que ce qu'il faut précisément de place pour la têtière de la bride.

61.

UNE demi-heure après que les bas Officiers auront dû faire exécuter les choses qu'on vient d'expliquer, le Maréchal-des-logis de chaque subdivision fera la visite des chambrées, pour examiner si tout est en règle, & voir si les Brigadiers ne se négligent pas à cet égard. Les Sergens ou Caporaux en feront de même pour leur compagnie.

62.

ON ne souffrira, sous tel prétexte que ce soit, dans les chambrées, aucun malade ni galeux, & on les enverra sur le champ à l'hôpital, ou on les fera traiter dans des chambres séparées.

63.

LES Fourriers feront pareillement une visite de toutes les chambrées de leur compagnie, & iront ensuite en rendre compte à l'Aide-major ou au Sous-aide-major de leur escadron.

64.

PENDANT que les Soldats mangeront la soupe, le Lieutenant ou le Sous-lieutenant de chaque compagnie se rendront alternativement au quartier de ladite compagnie pour y faire la même visite des chambrées de leur compagnie; ils examineront, conformément à l'article 3 du *titre VIII*, si tout y est en règle, dans le meilleur état & de la plus grande propreté; si les Soldats font régulièrement ordinaire, s'ils n'y jouent point entr'eux de l'argent, & n'ont pas de querelles; s'ils ne se débauchent pas, & s'ils ont pour leurs bas Officiers tout le respect & l'obéissance qu'ils leur doivent; si les appels ont été faits régulièrement, s'il n'y a eu rien de nouveau pendant la nuit; & quand ils seront bien assurés que tout est en règle dans leur division & qu'on y aura exécuté tout ce qui aura été ordonné la veille, ils iront faire l'inſpection des bas Officiers & Soldats de leur diviſion qui devront monter la garde, ſi elle doit en fournir ce jour-là, & après que l'Officier ſupérieur du régiment aura fait l'inſpection de toute la garde de ce corps, leſdits Lieutenans ou Sous-lieutenans iront ſur la place d'armes rendre compte à leurs Capitaines.

Les Lieutenans ou Sous-lieutenans de Cavalerie ou de Dragons feront la même viſite ou inſpection, pendant que les Cavaliers ou Dragons mangeront la ſoupe.

65.

Les jours où le régiment devra être exercé le matin, & où par conſéquent on ne pourra pas faire les viſites aux heures indiquées, elles ne ſeront faites qu'à l'heure du ſouper, afin de donner le temps aux bas Officiers de faire mettre tout en état.

66.

Pour s'aſſurer encore plus poſitivement que la viſite des chambrées a été faite par l'un des Officiers ſubalternes de chaque compagnie, l'Aide-major ou le Sous-aide-major de chaque bataillon ou eſcadron ira au quartier une demi-heure après que cette viſite aura dû être faite pour vérifier les Officiers ſubalternes qui y auroient manqué, & en rendre compte enſuite lui-même au Major, & celui-ci au Commandant du corps, qui fera punir ſévèrement ceux qui auront manqué.

67.

Indépendamment de cette reddition de compte journalière, & par gradation, aux heures fixées ci-deſſus, dès qu'il arrivera dans un quartier quelque choſe d'urgent, & qui demande un prompt remède, deux Officiers ou bas Officiers iront ſur le champ & en droiture rendre compte, l'un au Commandant ou Major de la place, l'autre au Commandant ou Major du régiment.

68.

Outre ces viſites particulières des chambrées de

chaque compagnie, par les Officiers subalternes, il sera nommé toutes les semaines à l'ordre un Capitaine par bataillon ou par régiment de Cavalerie ou de Dragons, pour faire la visite générale des chambrées, & en rendre compte ensuite au Major du régiment.

69.

LE 1.er & le 15 de chaque mois, le Lieutenant-colonel ou le Major du régiment fera la visite de toutes les chambrées de ladite troupe, & en rendra compte au Colonel ou Mestre-de-camp, & au Commandant supérieur de la place ou du quartier; & si le Lieutenant-colonel se trouvoit commander le corps, le plus ancien Capitaine roulera pour cette visite avec le Major. Les Officiers supérieurs veilleront à ce qu'on lise souvent aux Soldats, Cavaliers & Dragons les Ordonnances concernant les crimes & délits militaires, & à entretenir les Officiers, bas Officiers, Soldats, Cavaliers & Dragons de leur régiment dans l'observation des devoirs de leur Religion, & d'une vie honnête & réglée.

70.

SI l'Officier général, dans le district duquel sera un régiment, ne se trouve pas présent avec lui dans la même place ou dans le même quartier, le Commandant de ce régiment sera tenu de lui rendre compte par écrit le 1.er de chaque mois de tout ce qui se sera passé dans ce corps pendant le mois précédent.

71.

LE Commandant de ladite place ou quartier, où ledit Officier général ne sera pas présent, sera tenu de rendre le même compte audit Officier général de tout ce qui se sera passé dans ladite place ou quartier.

72.

QUAND les escadrons d'un régiment seront dispersés dans différens quartiers, un des Officiers supérieurs dudit régiment ira les visiter tous les mois, pour voir si tout s'y passe en règle.

73.

LORSQU'IL s'apercevra qu'il y a de la négligence dans une compagnie, il s'en prendra non-seulement au Capitaine de cette compagnie, mais encore au Commandant du quartier s'il est de son régiment & qu'il doive lui être subordonné, & il le punira sévèrement, en remédiant en même temps aux abus.

74.

LE Mestre-de-camp sera tenu de faire lui-même cette visite pendant tous les mois qu'il sera obligé de résider à son corps, & pendant le reste du temps de l'année le Lieutenant-colonel & le Major rouleront entr'eux pour cette visite, dont ils rendront compte au Mestre-de-camp.

75.

SI un de ces Officiers, en faisant cette visite, a remarqué de la négligence dans un quartier, il avertira celui qui doit faire cette visite le mois suivant, en l'instruisant de la nature de cette négligence, afin qu'il examine si l'on s'en est corrigé, & qu'il punisse plus sévèrement ceux qui continueroient de manquer en quelques points.

76.

TOUS les jours à midi, les bas Officiers & les Cavaliers ou Dragons se rendront aux écuries pour y donner à manger aux chevaux, c'est-à-dire, un quart de botte de foin ou de la paille, s'il y en a.

77.

A trois heures du soir pendant l'hiver, & à quatre heures pendant l'été, les Cavaliers & Dragons, retourneront aux écuries pour brosser les chevaux, les peigner, les faire boire, & leur donner de l'avoine & de la paille, s'il y en a.

A huit heures en été, & à six heures en hiver, ils donneront à manger aux chevaux, & leur feront la litière.

78.

ON suivra, pour mener les chevaux à l'abreuvoir, ce qui a été prescrit ci-dessus pour les y mener le matin;

avec

avec cette différence que ce ſera le ſecond & le troiſième Maréchal-des-logis qui les y conduiront.

79.

NON-SEULEMENT le Lieutenant ou le Sous-lieutenant de chaque compagnie, mais encore le Capitaine, un Aide-major & un Sous-aide-major ſeront tenus de ſe trouver aux écuries l'après-midi à l'heure de faire boire; un des trois Officiers ſupérieurs de chaque régiment ſera de même obligé de s'y trouver, & ils rouleront entr'eux pour ce ſervice.

80.

LES Capitaines y examineront alors, avec la plus grande attention, les hommes & les chevaux de leur compagnie, pour voir ſi les Officiers & bas Officiers ſont leur devoir, & s'il n'y a aucune négligence dans la tenue des hommes & dans le ſoin qu'on doit prendre des chevaux; ils examineront tout avec d'autant plus de ſoin, qu'ils ſeront eux-mêmes reſponſables des choſes qui ne ſe trouveroient pas dans la règle preſcrite, & que le Commandant du corps leur ſera payer les chevaux de la compagnie qui périroient par leur négligence à veiller ſur la conduite de leurs Officiers ſubalternes & ſur celle de leurs bas Officiers, Cavaliers ou Dragons: L'intention de Sa Majeſté étant que la retenue du prix deſdits chevaux ſoit faite ſur les appointemens du Capitaine, quand bien même il ſeroit prouvé que ces chevaux n'auroient péri que par la négligence des Officiers & bas Officiers de la compagnie dont il doit être reſponſable.

81.

L'OFFICIER ſupérieur examinera la totalité du régiment, & punira les Capitaines dont les compagnies ne ſe trouveroient pas alors en état; il chargera en même temps l'Aide-major ou le Sous-aide-major de chaque eſcadron de lui rendre compte des Officiers qui auroient manqué à ſe trouver aux écuries aux heures ordonnées, & ſi quelqu'un y a manqué, il le punira ſévèrement.

82.

LES Lieutenants & les Sous-lieutenans, les Aides-major & les Sous-aides-major rouleront entr'eux pour le service particulier qui leur est prescrit par les articles 64 & 79 du présent Titre.

83.

IL y aura jour & nuit un Cavalier de garde dans chaque écurie, si elle contient les chevaux d'une compagnie; mais dans toutes il y aura une lampe allumée pendant la nuit, laquelle sera enfermée dans une lanterne pour prévenir les accidens du feu.

84.

De l'hôpital.

CHAQUE régiment de la place ou du quartier fournira tous les jours un Capitaine & un Lieutenant ou Sous-lieutenant qui seront commandés la veille à l'ordre par le Major du régiment, pour faire la visite de l'hôpital.

85.

LE Capitaine assistera à la distribution du matin, & l'Officier subalterne à celle de l'après-midi.

86.

ILS vérifieront si la viande est de bonne qualité; ils goûteront le bouillon, le vin, la tisanne & les autres alimens; & verront si les malades de leur régiment sont tenus proprement, s'ils ne se plaignent de rien, & ils en rendront compte au Commandant de leur corps.

87.

LE Major de chaque régiment sera tenu de faire toutes les semaines une pareille visite d'hôpital des malades de son régiment, le Commandant du corps tous les quinze jours: de laquelle visite ils rendront compte ensuite au Commandant supérieur de la place.

88.

INDÉPENDAMMENT de ces visites particulières d'hôpital de chaque régiment, il sera nommé tous les jours à l'ordre de la place ou du quartier, un Porte-drapeau, Porte-étendard ou Porte-guidon fourni successivement par tous les bataillons ou les escadrons de la place ou du quartier, pour se trouver à l'hôpital à l'heure que l'on devra mettre la viande dans la marmite, afin de la voir peser devant lui & d'examiner, non-seulement si elle est d'une bonne qualité, mais encore s'il y en a la quantité requise eu égard au nombre des malades. Il goûtera tous les alimens pour voir s'ils sont bons & sera présent à toutes les distributions, après la dernière desquelles il se chargera de l'état général des malades de l'hôpital que le Directeur dudit hôpital sera tenu de lui remettre pour le porter au Commandant supérieur de la place ou du quartier, auquel il rendra compte, en même temps, de ce qui se sera passé pendant le jour dans ledit hôpital.

89.

CET état général comprendra le nombre des malades entrés depuis la veille à l'hopital, celui des malades qui en seront sortis ou qui seront morts, le total des malades à l'hôpital, & la quantité de viande qui aura été mise dans la marmite.

90.

EN cas de plainte portée à l'Officier général, & à son défaut au Commandant de la place ou du quartier, contre l'Entrepreneur dudit hôpital, soit pour la mauvaise qualité des remèdes, des alimens ou autrement, ledit Officier général ou Commandant de la place ou du quartier, sera tenu de se transporter sur le champ audit hôpital, où il sera appeler en même temps le Commissaire des guerres, & à son défaut le Major de la place ou du quartier, pour examiner le sujet de la plainte, & en dresser un procès-verbal qui sera adressé sur le champ au Commandant en chef du département, au Secrétaire d'État ayant le département de la guerre, & à l'Intendant de la généralité.

91.

DANS les cas qui exigeroient des remèdes prompts; Sa Majesté autorise ledit Officier général ou Commandant de la place d'ordonner audit Commissaire des guerres d'y faire remédier aussi-tôt, & il en informera sur le champ le Secrétaire d'État ayant le département de la guerre.

92.

L'INTENTION de Sa Majesté est qu'au surplus on se conforme, à l'égard des hôpitaux, à ce qu'Elle a déjà réglé par ses Ordonnances particulières concernant lesdits hôpitaux.

93.

Des Exercices.

L'OFFICIER général ou le Commandant de la place ou du quartier, assistera, autant qu'il le pourra, à tous les exercices des Troupes de la garnison.

94.

IL aura attention à ce que les munitions ordonnées à cet effet leur soient distribuées, & qu'elles soient consommées suivant les intentions de Sa Majesté.

95.

IL tiendra la main à ce que lesdites Troupes soient exercées pendant le nombre de jours prescrits par les Ordonnances de Sa Majesté, concernant l'Exercice, & conformément à tout ce qui est prescrit par lesdites ordonnances.

96.

VEUT en même temps Sa Majesté qu'il lui soit rendu compte du progrès ou de la négligence de chaque régiment dans les exercices, & que si aucune Troupe s'écartoit, en quelque point que ce soit, de l'exercice qui lui a été prescrit, le Commandant supérieur de la place ou du quartier oblige le Commandant de ladite Troupe, de se corriger à cet égard, pour se conformer exactement auxdites ordonnances, faute de quoi

ledit

ledit Commandant supérieur de la place ou du quartier sera responsable de l'exécution des ordres de Sa Majesté.

97.

LES Soldats, Cavaliers ou Dragons ne travailleront de leurs métiers que chez les Maîtres-ouvriers des villes où ils seront en garnison, hors que ce ne soit pour le service & l'utilité de leur régiment; auquel cas ils ne pourront travailler ailleurs que dans leurs quartiers ou casernes, mais sans pouvoir, sous ce prétexte, travailler pour les habitans & étrangers.

98.

TOUT Soldat qui ne travaillera pas pour le compte du Roi, ne pourra être dispensé de faire son service, même en le payant, ni de se trouver à tous les exercices de sa compagnie, ni d'être rendu tous les jours au quartier comme les autres à l'heure de la retraite, & d'y coucher, sans une permission par écrit du Commandant de son corps, visée du Commandant supérieur de la place ou du quartier.

99.

Corvées pour l'Artillerie.

LORSQU'IL sera nécessaire d'exploiter & remuer des pièces d'artillerie & munitions de guerre, dans une place où il n'y aura point un détachement du Corps-royal d'Artillerie suffisant à cet effet, on commandera le nombre de Soldats nécessaires sur la réquisition du Commandant de l'Artillerie; ces Soldats de corvées seront commandés par des Sergens qui leur feront exécuter tout ce que le Commandant de l'Artillerie ordonnera.

100.

De la désertion.

TOUT bas Officier aura le plus grand soin des Soldats de recrue de son escouade ou de sa subdivision, il les traitera avec la plus grande douceur, leur apprendra leur devoir sans aucune brutalité, & n'emploiera les châtimens que lorsque tous les moyens doux seront sans succès. Les bas Officiers ne laisseront jamais sortir les

Soldats de recrue du quartier pendant les trois premiers mois, & plus long temps ceux qui pourroient être suspects, sans les accompagner ou faire accompagner d'un Soldat doux & sage & qui en réponde.

Ils auront l'œil continuellement sur leur conduite, & leur donneront l'exemple de l'exactitude à remplir les devoirs de leur religion, ceux de leur état, & d'une vie honnête & réglée.

101.

A l'heure même qu'un bas Officier s'apercevra qu'un homme de son escouade ou de sa subdivision, aura déserté, il ira sur le champ en rendre compte d'abord au Commandant de la place, ensuite au Major de son régiment, & s'il retarde à rendre ce compte il sera cassé & sera puni, ainsi qu'il sera prescrit par l'Ordonnance des crimes & délits militaires.

102.

TOUT bas Officier qui, par sa négligence dans l'exécution de l'article 105, par brutalité ou par quelque punition injuste, aura causé la désertion d'un Soldat, Cavalier ou Dragon, sera puni suivant l'exigence du cas.

103.

TOUTE personne, de quelque qualité & condition qu'elle soit, qui aura, en quelque manière que ce puisse être, favorisé soit le travestissement, soit l'évasion d'un Déserteur, payera une amende de trois cents livres, & sera puni plus rigoureusement suivant l'exigence du cas.

104.

A l'instant même que le Commandant de la place aura été averti de l'évasion d'un Déserteur, il fera tirer un coup de canon dans l'endroit le plus élevé du rempart.

A ce signal, tous les postes prendront les armes, examineront bien tous les passans, feront des patrouilles tant en dedans qu'en dehors de la place, conduites par des Officiers.

Les unes se partageront en avant, les autres en arrondissant le pourtour de la place en se communiquant d'une porte à l'autre.

105.

TOUT bas Officier qui, par négligence ou autrement, aura manqué d'arrêter un Déserteur, ayant eu la possibilité de le faire, sera puni conformément à ce qui est prescrit par l'Ordonnance concernant les crimes & délits militaires.

106.

EN même temps que les patrouilles de l'Infanterie se diviseront, la garde de Cavalerie se partagera en plusieurs petites troupes commandées par des Officiers & bas Officiers qui sortiront légèrement par différentes portes, ainsi que les brigades de Maréchaussée; elles iront à deux lieues au moins de la garnison & plus loin, suivant les rapports qu'ils auront, & les ordres qu'ils recevront; elles verront si les patrouilles des villages, qui doivent au signal parcourir dans leur arrondissement les sentiers, les bois, marais & chemins écartés font leur devoir, & en rendront compte au Commandant supérieur de la place, qui mettra à l'amende celles qui ne le feront pas.

107.

DANS tout le pays où le coup de canon pourra être entendu, les Gardes des Fermes à pied & à cheval seront tenus de faire la même manœuvre.

108.

TOUTE garde, patrouille, & toute personne qui arrêtera un Déserteur, recevra deux cents livres de récompense, payable par la communauté ou les communautés, sur le territoire desquelles il auroit passé, & qui n'auront pas fait tout leur possible pour l'arrêter: cette somme sera payée par le Roi, lorsqu'il sera prouvé que chacune desdites communautés aura fait tout ce qui aura dépendu d'elle pour arrêter ledit Déserteur.

109.

DANS les places voisines de l'ennemi, & où la désertion

feroit plus facile, le Commandant fupérieur de la place ordonnera plufieurs bivacs par nuit, compofés de bas Officiers & d'Officiers armés, qui parcourront pendant toute la nuit les dehors de la place, fans être poftés nulle part, & qui fe porteront tout de fuite, au fignal d'un coup de fufil que l'on tirera du rempart, vis-à-vis des fentiers, marais & chemins qui y aboutiffent.

110.

ON fe conformera dans les quartiers à toutes ces mêmes précautions, autant qu'il fera poffible, relativement à la pofition defdits quartiers, & à ce qu'elle permettra d'exécuter.

TITRE XIV.

Du Prêt & des Diftributions.

ARTICLE PREMIER.

ON fera tous les cinq jours le prêt, fur lequel, indépendamment du linge & chauffure, il fera déduit deux fous par jour pour chaque bas Officier, Soldat, Cavalier ou Dragon, lorfque Sa Majefté fournira le pain.

2.

TOUT le prêt des Soldats, Cavaliers ou Dragons, fera remis à l'ordinaire, & ne pourra être employé à d'autre ufage qu'à leur nourriture & au payement du blanchiffage & du frater. Les Caporaux ou les Brigadiers devant mettre à l'ordinaire la même fomme que les Soldats, Cavaliers ou Dragons.

3.

LES Fourriers, Sergens ou Maréchaux-des-logis de chaque compagnie, feront entr'eux chambrée, fans pouvoir y admettre aucun Soldat, Cavalier ou Dragon; fi l'ordinaire n'eft pas affez nombreux, on réunira les Fourriers,

Fourriers, Sergens ou Maréchaux-des-logis de deux compagnies.

4.

LE Caporal ou le Brigadier, & les Soldats, Cavaliers ou Dragons de chaque escouade ne feront qu'une seule chambrée, & feront ordinaire ensemble; & lorsque les escouades ne feront pas assez fortes, on en réunira deux pour ne faire qu'un seul ordinaire.

5.

LE Tambour-major règlera les chambrées des Tambours qui feront ordinaire ensemble.

6.

LE Timbalier & les huit Trompettes de chaque régiment, ainsi que les Tambours de Dragons, feront ordinaire ensemble toutes les fois qu'ils feront rassemblés. Mais lorsqu'une compagnie sera séparée, le Trompette fera ordinaire avec l'une des escouades de sa compagnie, & ne mettra pas plus d'argent à l'ordinaire de cette chambrée qu'un Cavalier ou un Dragon.

7.

L'ÉTAT du prêt sera pris chaque jour de prêt par le Caporal ou le Brigadier de chaque escouade, déduction faite de l'argent qui pourroit être resté du prêt précédent sur les Soldats, Cavaliers ou Dragons qui seroient morts, désertés, partis par congés ou entrés à l'hôpital; il remettra cet état au Fourrier, qui formera l'état de sa compagnie, pour le remettre au Capitaine qui le signera, & le Fourrier le portera ensuite au Major du régiment pour le viser.

8.

LE surplus de la paye des Fourriers, Sergens, Maréchaux-des-logis, Caporaux, Brigadiers, Appointés, Carabiniers, Tambours & Trompettes, ne leur sera payé que le 2 du mois qui suivra la revue, & ne sera jamais confondu avec l'état particulier de chaque jour du prêt de la compagnie, mais on en fera un article séparé à la suite dudit prêt du 2 de chaque mois.

9.

QUANT aux appointemens des Officiers supérieurs, de ceux de l'État-major & des Officiers de chaque compagnie, ils leur seront payés le 2 de chaque mois sur l'état qui en sera dressé par le Major, lequel l'enverra au Trésorier, signé par le Commandant du régiment, en même temps que la revue du Commissaire des guerres.

10.

L'AIDE-MAJOR ou le Sous-aide-major de chaque bataillon ou escadron ayant reçu l'état du prêt de chacune des compagnies du bataillon ou escadron, il les portera au Major du régiment, lequel après l'examen de la justesse de ces différens états, en fera dresser un général qu'il présentera au Commandant du corps pour qu'il le signe, & dès que ce dernier l'aura signé, le Major l'enverra par un Officier-major à l'Officier chargé de la caisse du régiment pour qu'il fasse le prêt en conséquence.

11.

A l'heure fixée par le Commandant du régiment pour la distribution du prêt chez l'Officier chargé de la caisse, le Lieutenant ou le Sous-lieutenant de chaque compagnie, sera tenu de se trouver chez ledit Officier chargé de la caisse du régiment pour y recevoir l'argent du prêt de sa compagnie.

12.

LE prêt sera distribué, à la même heure, dans toutes les compagnies, suivant l'ordre qu'en donnera le Commandant du corps; l'Officier chargé de le distribuer, après avoir fait la visite de toutes les parties de l'habillement, de l'équipement, de l'harnachement & de l'armement, ainsi que du linge & chaussure des bas Officiers, Soldats, Cavaliers ou Dragons de sa compagnie, pour voir s'il n'y manque rien, ordonnera aux Sergens ou Maréchaux-des-logis, de distribuer en sa présence le prêt à chaque chef de chambrée par division, subdivision & escouade, en observant de remettre celui des Tambours ou Trompettes au Tambour-major ou Timbalier.

13.

SI, en faisant cette visite, ledit Officier s'aperçoit qu'un Soldat, Cavalier ou Dragon ait perdu ou vendu quelque chose de ce qui lui aura été fourni, il le fera mettre au piquet; mais on lui remplacera sur la Masse du même entretien les effets qu'il aura vendus ou perdus.

14.

SI ledit Soldat, Cavalier ou Dragon a cassé, brûlé ou gâté par sa faute quelque partie de son armement, équipement, harnachement & habillement, il subira la punition prescrite par l'article 13; mais alors les effets seront remplacés ou réparés sur la Masse de l'habillement.

15.

INDÉPENDAMMENT de cette visite faite chaque jour de prêt, les Officiers supérieurs d'un régiment en feront une générale tous les mois, pour laquelle ils feront rassembler le régiment, sans bruit de caisse ou de trompette; chaque bas Officier, Soldat, Cavalier ou Dragon, sera tenu d'apporter son havresac ou son portemanteau, qu'il tiendra déployé entre ses jambes; lesdits Officiers supérieurs se partageront entr'eux les bataillons ou escadrons qu'ils auront à voir, afin d'employer moins de temps à faire cette visite.

16.

Des distributions

L'ÉTAT de chaque distribution de pain, viande, fourrages & autres, sera toujours pris d'avance par compagnie, bataillon, escadron & régiment; & l'état général, signé du Commandant du corps, sera remis au Quartier-maître du régiment qui doit être chargé de toutes les distributions.

17.

LORSQUE les Soldats, Cavaliers ou Dragons devront aller à quelque distribution, on les assemblera en veste ou sarrau & en bonnet; ils y seront conduits en règle par le Fourrier de chaque compagnie ou autre bas Officier chargé de la distribution, & par un certain nombre d'Officiers proportionné à celui des Soldats, Cavaliers ou Dragons, pour les contenir; lesquels seront responsables du désordre qui pourroit arriver de la part de ceux à qui la distribution devra être faite.

Le Quartier-maître se trouvera à l'avance au lieu où devra se faire la distribution.

18.

LORSQUE les Soldats, Cavaliers ou Dragons n'excèderont pas le nombre de cent, il ne sera commandé pour les conduire qu'un Lieutenant ou un Sous-lieutenant; mais s'ils excèdent ce nombre, on commandera un Capitaine sur tout le régiment, avec des Officiers subalternes à proportion.

19.

SI la distribution doit être faite hors de la place ou du quartier, on commandera un petit détachement armé pour servir d'escorte aux Soldats, Cavaliers & Dragons, & pour leur police.

20.

LES Soldats, Cavaliers ou Dragons commandés pour la distribution, étant arrivés au magasin ou autre lieu où la distribution devra se faire; on la commencera toujours par le premier bataillon ou le premier escadron de chaque régiment, & ensuite par les compagnies de chaque bataillon ou escadron, suivant le rang qu'elles tiennent dans l'ordre de bataille.

21.

MAIS avant de commencer aucune distribution, le Quartier-maître ou autre Officier chargé de recevoir la distribution, examinera, conjointement avec les autres qui auront été commandés pour contenir les Soldats, Cavaliers ou Dragons, si les denrées qui doivent être distribuées à la troupe sont d'une bonne qualité, si les

poids

poids & les mesures sont justes; s'il leur paroissoit qu'il y eût de la fraude de la part des Entrepreneurs ou autres Fournisseurs, le Quartier-maître sera tenu d'en avertir le Commandant du corps & le Commandant supérieur de la place ou du quartier, lesquels seront obligés de se transporter sans perdre de temps au lieu de la distribution, pour examiner le sujet de la plainte; & le Commissaire des guerres que le Commandant supérieur de la place ou du quartier, fera appeler à cet effet, sera tenu d'en dresser procès-verbal pour l'envoyer au Commandant en chef du département, au Secrétaire d'État ayant le département de la guerre, & à l'Intendant de la généralité; & s'il y avoit fraude manifeste de la part desdits Entrepreneurs ou Fournisseurs, ledit Commissaire des guerres y remédiera aussitôt, & en informera sur le champ le Secrétaire d'État ayant le département de la guerre.

22.

LA distribution d'un régiment, qui aura été commencée, ne pourra être interrompue par l'arrivée d'un régiment plus ancien que celui dont la distribution sera commencée; mais s'ils arrivent plusieurs en même temps, on commencera la distribution par le plus ancien.

23.

A mesure que la distribution d'une compagnie aura été faite, les Soldats, Cavaliers ou Dragons de la compagnie, retourneront sous les ordres de leurs bas Officiers au quartier, dans le même ordre qui a été prescrit pour les amener à la distribution.

24.

Des réparatio[ns].

TOUTES les réparations quelconques d'un régiment, concernant l'habillement, l'équipement, l'harnachement & l'armement, seront divisées en deux classes, savoir, en réparations générales, & en réparations particulières.

25.

L'ÉTAT des réparations générales ne pourra être arrêté que par les Inspecteurs, à leur revue de Mai ou de

Septembre, & l'on ne pourra y faire travailler qu'après que ledit état aura été approuvé par Sa Majesté.

26.

QUANT aux réparations particulières & journalières, dès que l'on s'apercevra qu'il y aura quelque chose de cassé à l'armement d'un Soldat, Cavalier ou Dragon, ou quelque menue réparation à faire à l'équipement, l'habillement ou harnachement; le Caporal ou le Brigadier de l'escouade dont sera le Soldat, Cavalier ou Dragon, en avertira le Sergent ou Maréchal-des-logis de sa subdivision, lequel après avoir examiné si le Soldat, Cavalier ou Dragon a réellement besoin de ce que le Caporal ou le Brigadier demande pour lui, & vérifié si c'est par sa faute ou autrement, en rendra pareillement compte au Lieutenant ou Sous-lieutenant de sa division, celui-ci au Capitaine, qui, après avoir vérifié le tout par lui-même, sera tenu d'en instruire le Major, qui ordonnera sur le champ les réparations nécessaires, & en rendra compte au Commandant du corps.

27.

ET à cet effet, immédiatement après l'arrivée d'un régiment dans une place ou dans un quartier, le Major sera tenu d'aller, si le régiment est séparé, dans tous les endroits où il y aura des bataillons, des escadrons ou des compagnies pour y faire des marchés avec les meilleurs ouvriers, pour les réparations de toute espèce, & au meilleur prix qu'il leur sera possible; ils signeront les marchés avec les ouvriers & en adresseront aussi-tôt des doubles au Secrétaire d'État ayant le département de la guerre.

28.

LORSQUE lesdites réparations auront été faites, les Officiers & bas Officiers de la compagnie, examineront si lesdites réparations ont été aussi-bien faites qu'elles doivent l'être, & le Capitaine en rendra compte au Major qui en rendra compte au Commandant du corps, lequel en ordonnera le payement par celui qui sera chargé de la caisse du régiment sur le récépissé de l'ouvrier, joint au mémoire de ladite réparation qui sera signé dudit ouvrier & du Commandant du corps.

29.

L'OFFICIER chargé de la caisse de chaque régiment, sera obligé de tenir un registre du produit de la Masse de ces menues réparations & de la dépense qui aura été faite tous les ans pour cet objet, afin d'y avoir recours toutes les fois que l'Inspecteur ou le Commissaire des guerres pourra en avoir besoin.

30.

Du traitement des chevaux malades.

LE Major de chaque régiment de Cavalerie ou de Dragons, sera tenu, après l'arrivée du régiment dans ses quartiers ou dans une place, de passer des marchés avec un Maréchal expert de chaque endroit où il y aura des compagnies, pour traiter tous les chevaux malades & fournir les drogues nécessaires.

31.

ON suivra pour la forme de ces marchés & pour tout ce qui concerne cette dépense les mêmes règles que celles qui sont prescrites par l'article 27 pour les menues réparations.

TITRE XV.

Du service des Officiers principaux des Troupes dans les places.

ARTICLE PREMIER.

LE Commandant supérieur de la place ou du quartier, y sera commander quelquefois un ou plusieurs Colonels ou Mestres-de-camp, Lieutenant-colonel & Major des régimens de la garnison ou du quartier, pour faire la visite des postes d'Infanterie, de Cavalerie ou de Dragons, aux heures qui leur seront indiquées; lesdits Officiers supérieurs rouleront ensemble pour ce genre de service, en observant que les Officiers supérieurs d'Infanterie seront commandés pour faire les visites des postes d'Infanterie, & ceux de Cavalerie & de Dragons alternativement pour faire les visites des postes de Cavalerie & de Dragons.

2.

LORSQUE ces Officiers supérieurs se présenteront devant un corps-de-garde, le Commandant du poste en fera sortir les Soldats, Cavaliers ou Dragons pour les former en haie ou sur plusieurs rangs, selon que la garde doit être disposée, & reposés sur leurs armes ou sur le mousqueton, & il se mettra à leur tête pour que lesdits Officiers supérieurs puissent en faire l'inspection.

Les Officiers supérieurs de Cavalerie pourront demander à voir le poste de Cavalerie à cheval ou à pied.

3.

LES Officiers supérieurs examineront alors avec soin si tout est en règle dans le poste, s'il ne manque personne aux gardes; ils se feront rendre compte du nombre de sentinelles ou vedettes, ils verront si elles sont à leur poste, & leur feront répéter leur consigne, ayant eux-mêmes la consigne générale du poste.

4.

SI le Commandant supérieur de la place ou du quartier ordonne que cette visite soit faite pendant la nuit, soit dans les postes d'Infanterie, soit dans les postes de Cavalerie ou de Dragons, l'Officier supérieur qui la fera, sera reçu par les postes comme le Major de la place ou du quartier doit l'être, lorsqu'il fait sa première ronde; & l'Officier supérieur qui sera chargé de ces visites prendra le mot du poste d'où il devra les commencer, & l'Officier de ce poste sera tenu de le lui donner.

5.

LES Officiers supérieurs rendront compte au Commandant

mandant supérieur de la place ou du quartier de ce qu'ils auront remarqué dans leur visite des postes.

6.

Gardes-françoises & suisses.

LORSQUE les Gardes-françoises & suisses seront en garnison dans les places, un Capitaine de chacun de ces régimens se trouvera tous les jours à la parade, pour voir si les escouades desdits régimens sont complètes d'Officiers, Sergens & Caporaux; & il visitera plusieurs fois, tant de jour que de nuit, les corps-de-garde où lesdites escouades seront distribuées, pour reconnoître si les Soldats y sont assidus, & font le service avec l'exactitude qu'ils doivent.

TITRE XVI.

Des Détachemens de guerre & Partis.

ARTICLE PREMIER.

LES Gouverneurs ou Commandans des places ne pourront en faire sortir en temps de guerre des détachemens, ni en sortir avec eux, sans la permission des Officiers généraux, dans le district desquels lesdites places seront comprises, hors les cas urgens & particuliers dont ils seroient tenus de leur rendre compte sur le champ.

2.

QUAND ils en auront obtenu la permission desdits Officiers généraux, ils pourront faire sortir de leur place les détachemens qu'ils jugeront à propos, pourvu qu'ils n'excèdent pas le quart de l'Infanterie de leur garnison.

3.

ILS conserveront la même autorité sur les Troupes détachées de leur garnison que si elles étoient dans la place.

4.

LES Officiers généraux & les Commandans des places

pourront choisir pour commander les détachemens de guerre, les Officiers qu'ils jugeront les plus capables, pourvu que par leur grade ils soient en droit de commander les autres Officiers qui seront détachés avec eux.

5.

AUCUN parti ne sortira des places s'il n'est commandé par un Officier, Sergent ou Maréchal-des-logis qui soit porteur d'un ordre pour aller à la guerre, signé d'un Officier général ou du Commandant de la place, & cet ordre sera cacheté de leurs armes.

6.

LES Officiers généraux & les Commandans des places ne donneront point de passeports pour des partis, qu'ils ne soient au moins du nombre d'hommes porté dans les cartels qui seront arrêtés entre les Puissances belligérentes.

7.

ILS ne pourront réclamer les Soldats, Cavaliers ou Dragons de leur garnison qui auront été pris sans passeports & en moindre nombre qu'il n'aura été convenu par les cartels.

8.

CEUX des garnisons ennemies, qui seront pris dans ce cas, seront mis au Conseil de guerre, & punis comme voleurs.

9.

LE Commandant d'un détachement allant à la guerre, aura soin, avant de sortir de la place, de prendre plusieurs passeports du Commandant de ladite place, afin que s'il se trouve obligé de diviser son détachement, il en puisse donner un double à celui qui devra commander la troupe qui en sera séparée, & au bas de ce double, il marquera le nombre d'hommes dont ce second détachement sera composé.

10.

LES effets qui auront été pris par les partis sortis des places, ne pourront être vendus qu'après qu'il en aura été dressé procès-verbal, & que la prise aura été jugée bonne, & cette vente ne pourra se faire que dans une place de guerre, & autant qu'il sera possible dans celle dont ce détachement sera sorti; Sa Majesté voulant bien permettre à celui qui aura fait une prise, & qui l'aura conduite dans une autre place, pour la mettre à couvert, de l'amener dans sa garnison, lorsque les circonstances le lui permettront.

11.

La vente se fera à l'encan par le Major de la place, lequel ne pourra faire d'autre retenue sur le produit de ladite vente, que celle du sou pour livre, à la réserve cependant des parties qui seront achetées pour le Roi.

12.

Soit que la Cavalerie ou les Dragons soient dans des places ou dans des quartiers, les régimens se conformeront pour les détachemens de guerre & partis, à ce qui est prescrit par les différens articles du présent Titre.

TITRE XVII.

Du départ des Troupes d'une place.

ARTICLE PREMIER.

Lorsqu'un régiment ou autre Troupe d'Infanterie, de Cavalerie ou de Dragons, aura reçu ordre de partir d'une place ou d'un quartier, le Commandant de ce corps fera tout disposer pour l'exécution de cet ordre; & à cet effet, il fera arrêter & solder tous les comptes de ce corps avec les Marchands, Maréchaux, Selliers, Fournisseurs & Ouvriers ou autres Marchands de la place ou du quartier.

2.

Il fera examiner avec soin en quel état sera la chaussure de chaque escouade, afin de faire délivrer, à compte de la fourniture de l'année, des souliers aux Soldats qui en auroient besoin pour faire la route, & il se fera rendre compte de l'état dans lequel seront les bidons & les marmites de chaque compagnie.

3.

LE Commandant d'un régiment de Cavalerie ou de Dragons, fera examiner le ferrage de chaque cheval, afin de se précautionner de fers pour la route, & de faire faire d'avance le remplacement ou le relevé des vieux fers.

4.

IL fera pareillement examiner les malades qui seront à l'hôpital du lieu, ou autres malades, par les Médecin, Chirurgiens-majors & Aide-majors de l'hôpital & celui du régiment, lesquels certifieront par écrit qu'un tel Soldat, Cavalier ou Dragon est en état de suivre le régiment.

5.

IL fera pareillement examiner, par un Maréchal, les chevaux qui seront malades, afin de n'en laisser en arrière que le moins qu'il sera possible; si cependant il s'en trouvoit une certaine quantité, on laissera avec le nombre de Cavaliers ou Dragons nécessaires pour en prendre soin, un bas Officier ou un Officier pour veiller sur la conduite de ces Cavaliers ou Dragons, & pourvoir à leur subsistance ainsi qu'à celles des chevaux.

6.

ON se conformera, pour rendre toutes les fournitures & faire les payemens des dégradations qui pourroient y avoir été faites, à ce qui est prescrit par l'article 57 du Titre VI.

7.

LE Commandant de la Troupe ordonnera aussi au Major du corps, de faire rassembler tout ce qui pourra se trouver d'harnachement, d'équipement & d'habillement excédant au nombre des hommes présens & des chevaux effectifs de chaque compagnie, afin de faire transporter ces effets, tous ensemble, pendant la route.

8.

A l'égard des armes qui se trouveront excéder le nombre d'hommes d'hommes effectifs du corps, le Major les fera déposer au magasin de l'Artillerie, & retirera du Garde-magasin un récépissé qui constatera le nombre & la qualité des armes qu'il y aura déposé, afin qu'à l'arrivée à la nouvelle garnison on lui en rende la même quantité & qualité.

9.

S'IL y a d'autres Troupes dans la place ou le quartier, celle qui devra en partir ne fournira point de garde pour le service de la place ou du quartier la veille de son départ.

10.

LE jour fixé pour le départ d'une Troupe, si elle est seule dans la place, les Tambours battront *la générale*, & les Trompettes sonneront le *boute-selle*, *l'assemblée & le drapeau*, *la charge & à cheval*, aux heures qui seront prescrites par le Commandant supérieur de la place ou du quartier, qui les règlera de manière qu'en partant cependant de bonne heure en été pour éviter les fortes chaleurs, les Soldats aient le temps de dormir assez pour n'être point trop fatigués, & qu'on ait le temps de faire manger & boire les chevaux & les panser.

S'il y a d'autres Troupes dans la place, celles qui devront partir ne battront que *le premier*.

11.

A *la générale* ou *au premier*, un Aide-major, le Quartier-maître ou autre Officier chargé du logement, partira avec tous les Fourriers qu'il aura rassemblés d'avance pour aller préparer le logement dans le lieu où la troupe devra coucher ce jour-là.

Pour la Cavalerie ou les Dragons, ceux qui devront aller au logement, partiront seulement deux heures avant la troupe.

12.

LORSQU'IL se trouvera dans la troupe des convalescens ou d'autres Soldats qui ne seroient pas en état de marcher avec leur compagnie; on les assemblera à la *générale* pour les mettre en marche ſous les ordres des Officiers & bas Officiers qui doivent être commandés, relativement à leur nombre, pour les conduire en règle juſqu'au nouveau logement; leſdits Officiers & bas Officiers en prendront un état nom par nom, avec celui de la compagnie dont ils ſeront, afin de pouvoir en faire l'appel de temps en temps, & de ſavoir s'il ne leur en manque pas; ils obſerveront de plus de les mener doucement, & de les laiſſer repoſer de temps en temps, pour ne pas les fatiguer.

13.

SI dans les régimens de Cavalerie ou de Dragons, il ſe trouvoit des Cavaliers ou Dragons convaleſcens & des chevaux éclopés qui ne fuſſent pas en état de marcher avec la troupe, on les fera mettre en marche ſous les ordres des Officiers & bas Officiers qui ſeront commandés, eu égard à leur nombre, pour les conduire en ordre juſqu'au nouveau logement, leſquels prendront un état, nom par nom, des Cavaliers chargés de mener ces chevaux & de la compagnie dont ſera chacun deſdits Cavaliers, afin d'en faire l'appel de temps en temps, & de ſavoir s'il n'en manque point; ces Officiers & bas Officiers obſerveront de plus de les mener doucement, & de les laiſſer repoſer ſouvent pour ne pas trop fatiguer les chevaux, & ils tiendront la main à ce que les Cavaliers ne les montent pas.

14.

A l'aſſemblée, toutes les compagnies ſortiront de leur logement avec armes & bagages, pour aller ſe former au rendez-vous indiqué pour l'aſſemblée de la troupe.

15.

LA troupe étant en bataille, l'appel en étant fait, les drapeaux, les étendards ou guidons étant arrivés, le Commandant du corps s'informera s'il y a plainte de la part des bourgeois & autres habitans contre aucun Officier, bas Officier ou Soldat de la troupe; & en cas qu'il y en ait, elle ſera reçue par le Commiſſaire des guerres, & sur le champ réparée par l'autorité du Commandant de ladite troupe; & en cas de déni de justice de sa part, par l'autorité du Commandant supérieur de la place ou du quartier & par les soins du Commissaire des guerres.

16.

LES Officiers de ville ou principaux habitans seront tenus de recevoir les plaintes qui leur seront faites une heure avant le départ de la troupe, d'en dresser des procès-verbaux, & de les adresser ensuite au Secrétaire d'État ayant le département de la guerre & à l'Intendant, à peine d'en répondre: voulant Sa Majesté que le terme d'une heure après son départ étant écoulé, sans qu'il y ait eu plaintes, lesdits Magistrats ne puissent refuser de donner un certificat de bien vivre à l'Officier-major de la troupe, qui restera pour cet effet dans la place ou au quartier, après le départ de la troupe.

17.

LE Commandant de la troupe qui sera sorti d'une place ou d'un quartier, pour se mettre en marche, fera faire un second appel à deux cents pas de la place ou du quartier; & s'il manque des Soldats, Cavaliers ou Dragons restés derrière sans sa permission, il enverra des Officiers des compagnies dont ils seront pour en faire la recherche.

18.

L'ARRIÈRE-GARDE de ladite troupe ne sortira de la place ou du quartier qu'une heure après le départ de ladite troupe, & elle visitera auparavant les logemens & les cabarets pour voir à ce qu'il ne reste derrière aucun Soldat, Cavalier ou Dragon.

19.

SI après le départ de l'arrière-garde, il se trouve dans la place ou dans le quartier, quelques Soldats, Cavaliers ou Dragons de la troupe, les Officiers-majors de la place les feront arrêter & remettre à la Maréchaussée qui devra suivre le régiment dans sa route pour les y conduire.

20.

La Maréchaussée, s'il s'en trouve dans les places ou quartiers d'où les Troupes partiront, enverra deux Cavaliers de la brigade pour arrêter les Soldats, Cavaliers ou Dragons qui s'écarteront du chemin pour commettre des désordres, & si des Soldats, Cavaliers ou Dragons sont restés après le départ du régiment dans la place, quartier ou logement d'où le régiment sera parti, ils seront remis à un ou plusieurs Cavaliers de Maréchaussée pour les conduire au régiment; & les journées desdits Cavaliers leur seront payées à raison de trois livres, chacun aux dépens des Officiers des compagnies desquelles seront les Soldats, Cavaliers ou Dragons, pour les punir de leur négligence.

TITRE XVIII.

Des Milices bourgeoises.

ARTICLE PREMIER.

Leur assemblée. Les Milices bourgeoises ne pourront s'assembler dans les villes qu'après en avoir obtenu la permission du Commandant supérieur de la place.

2.

Subordination. Dès qu'elles seront sous les armes, & employées au service de la place, elles reconnoîtront l'autorité dudit Commandant supérieur & des autres Officiers de l'État-major de la place; & elles seront sujettes à la justice militaire dans tous les cas & pour tous les délits militaires que les Officiers & Soldats desdites Milices pourront commettre, étant en faction, de garde, de détachement, de ronde, de patrouille, & en général dans l'exécution de tous les ordres émanés du Commandant.

3.

3.

DANS tous les autres cas, lesdits Officiers & Soldats de Milices bourgeoises, même étant de garde, seront justiciables des juges Royaux.

4.

Contribution à la garde.

Les Officiers généraux ou Commandans des places, dont la garde sera confiée auxdites Milices au défaut d'autres Troupes, demanderont à ceux qui commandent lesdites Milices, le nombre d'Officiers & de Fusiliers dont ils auront besoin; mais ils ne pourront s'ingérer dans le détail des habitans qui devront marcher, ni des exemptions prétendues; toutes les difficultés qui s'élèveront à cet égard, devant être portées à la décision de l'Intendant de la généralité.

TITRE XIX.

Des Troupes de passage.

ARTICLE PREMIER.

LES régimens d'Infanterie, de Cavalerie, de Dragons ou autres Troupes, qui logeront ou séjourneront dans les places ou quartiers pendant leur route, ou même qui ne feront qu'y passer, observeront, à l'égard de leur entrée dans lesdites places ou quartiers, les mêmes règles établies pour les Troupes qui doivent y tenir garnison.

2.

LE Commandant supérieur de la place ou du quartier, leur indiquera à leur arrivée sur la place d'armes le lieu où elles devront se porter en cas d'alarme.

3.

LESDITES Troupes de passage, ne contribueront à la garde de la place ou du quartier, que dans les cas de nécessité; elles établiront seulement des gardes à leur logement, pour la police, le bon ordre & la sûreté de leurs équipages; elles nommeront quatre Fusiliers & un

Appointé, quatre Cavaliers ou Dragons & un Carabinier pour fournir une sentinelle à leurs drapeaux, étendards ou guidons : ces hommes seront à cet effet reçus dans le corps-de-garde le plus voisin.

4.

TOUS les Officiers-majors, Fourriers, Sergens, Maréchaux-des-logis, Tambours-major & Timbaliers des Troupes de passage, qui séjourneront dans une place pendant leur route, seront tenus de se trouver à l'ordre général, sur la place d'armes, comme si elles étoient en garnison dans la place.

5.

LES régimens d'Infanterie de passage, enverront, comme ceux de la garnison, leurs Tambours pour se trouver sur la place d'armes avec les autres Tambours de la garnison, & y battre la retraite avec eux.

Les Trompettes des régimens de Cavalerie de passage, se conformeront pareillement à ce qui est prescrit pour les Trompettes de la garnison.

TITRE XX.

Des Conseils de guerre & exécutions.

ARTICLE PREMIER.

Se tiendront chez le Commandant de la place en l'absence des Officiers généraux.

LES Conseils de guerre qui seront assemblés dans les places, se tiendront chez le Commandant supérieur desdites places ou quartiers, & ledit Commandant y présidera.

2.

Le Major instruira le procès.

LES Majors des places instruiront les procès qui devront être jugés par le Conseil de guerre, & donneront leurs conclusions sans avoir voix délibérative.

3.

L'Aide-major au défaut du Major.

SI le Major d'une place se trouve Commandant, ou s'il est absent, le premier Aide-major remplira ses fonctions.

4.

Jugement des Officiers.

AUCUN Officier ne sera mis au Conseil de guerre, sans un ordre de Sa Majesté; pourra cependant le Commandant supérieur de la place ou du quartier, dans les cas qui requerront célérité, faire entendre des témoins pour constater la vérité des faits, dont ledit Commandant de la place ou du quartier rendra compte au Commandant en chef du département & au Secrétaire d'État ayant le département de la guerre, qui lui fera savoir les intentions de Sa Majesté.

5.

Plainte à l'Officier général ou au Commandant.

LORSQU'UN Soldat, Cavalier ou Dragon d'une garnison où il y aura État-major, y commettra un crime ou délit pour lequel il devra être jugé par un Conseil de guerre, l'Officier commandant la compagnie dont sera l'accusé, & à son défaut ou refus, le Major de la place ou du quartier, rendra sa plainte au Commandant supérieur de ladite place, pour obtenir qu'il en soit informé.

6.

LEDIT Commandant supérieur de la place ne pourra refuser de recevoir ladite requête sans des raisons très-graves, dont il informera sur le champ le Secrétaire d'État ayant le département de la guerre & le Commandant en chef du département ou de la province, pour en rendre compte à Sa Majesté.

7.

Instruction du procès.

LA requête ayant été répondue d'un *soit fait ainsi qu'il est requis*, signée dudit Commandant supérieur de la place, sera remise au Major de la place ou du quartier, lequel procédera à l'information, l'interrogatoire de l'accusé, le récolement des témoins & leur confrontation audit accusé, le tout en suivant les formalités prescrites par l'Ordonnance criminelle du mois d'août 1670, & de manière que la procédure soit parfaite en deux fois vingt-quatre heures au plus, à moins qu'il n'y ait des raisons essentielles qui exigent d'y employer un plus long temps.

TITRE XX.

8.

LORSQUE pour l'instruction du procès, le Major de la place ou du quartier aura besoin de la déposition de quelque témoin qui ne sera pas sujet à la justice militaire, il s'adressera aux Magistrats du lieu, pour ordonner auxdits témoins de se rendre, à cet effet, devant ledit Major à une heure marquée, & lesdits Magistrats ne pourront refuser ledit ordre.

9.

Ordre d'assembler le Conseil de guerre.

LE procès étant en état, le Major de la place ou du quartier en rendra compte au Commandant supérieur de la place ou du quartier, qui ordonnera sans délai la tenue du Conseil de guerre.

10.

LE Conseil de guerre ne se tiendra que les jours ouvrables, hors les cas extraordinaires qui ne permettront pas de le différer.

11.

Officiers Commandés.

LES Officiers qui devront composer le Conseil de guerre, seront commandés à tour de rôle à l'ordre, par le Major, la veille du jour qu'il devra se tenir, & aucun d'eux ne pourra se dispenser de s'y trouver & d'y opiner.

12.

Leur nombre.

ILS seront au moins au nombre de sept, y compris le Président.

13.

Recours aux Officiers des différens corps.

QUAND il n'y aura pas assez d'Officiers d'Infanterie dans une garnison, pour juger un Soldat, on aura recours aux Officiers de Cavalerie & de Dragons de la même garnison; & réciproquement lorsqu'il s'agira du jugement d'un Cavalier ou Dragon, s'il n'y a pas dans la garnison suffisamment d'Officiers de ces deux corps, on y appellera des Officiers d'Infanterie de la garnison.

14.

SI en rassemblant tous les Officiers de la garnison de-

ces

ces différens corps, il ne s'en trouvoit pas le nombre requis pour tenir le Conseil de guerre, le Commandant supérieur de la place ou du quartier y suppléera en appelant les Officiers, soit d'Infanterie, soit de Cavalerie ou de Dragons des garnisons voisines, lesquels, sous aucun prétexte, ne pourront se dispenser de s'y rendre.

15.

LES Officiers de la garnison, où se tiendra le Conseil de guerre, ne pourront faire difficulté d'admettre les Officiers des places voisines, qui auront été ainsi appelés, ni prétendre avec eux d'autre rang que celui de l'ancienneté de leur corps.

16.

LORSQU'UN Capitaine de la garnison, où le Conseil de guerre se tiendra, commandera dans la place ou dans le quartier, il aura la préséance sur ceux qui se rendront dans ladite place ou quartier, quoique d'un corps plus ancien.

17.

Sergens & Maréchaux-des-logis, faute d'Officiers.

AU défaut d'Officiers dans les places & les garnisons voisines, pour juger les Soldats, Cavaliers & Dragons, on admettra au Conseil de guerre des Fourriers, Sergens & Maréchaux-des-logis de la garnison jusqu'au nombre nécessaire.

18.

Assemblée des Juges.

TOUS ceux qui devront composer le Conseil de guerre, se rendront chez le Commandant supérieur de la place, qui devra présider audit Conseil de guerre, à l'heure de la matinée qui leur aura été prescrite, & ils iront avec lui entendre la Messe, qui sera dite avant la tenue du Conseil de guerre.

19.

LESDITS Officiers seront à jeûn; ceux d'Infanterie auront des guêtres & porteront leur hausse-col; ceux de Cavalerie & de Dragons auront leurs bottes.

20.

Ordre dans lequel ils siégeront.

Au retour de la Messe, le Président s'étant assis, les autres Juges prendront leur place alternativement à sa droite & à sa gauche; ceux d'Infanterie se placeront suivant leur grade & l'ancienneté des régimens dont ils seront; de manière que les Capitaines du second régiment ne prennent rang qu'après que ceux du premier seront placés, & ainsi des Lieutenans.

21.

A l'égard des Officiers de Cavalerie & de Dragons, ils se placeront de même alternativement à droite & à gauche du Président, suivant leur grade, & prendront séance entr'eux, suivant l'ancienneté de leurs commissions ou brevets.

22.

Les Officiers de Cavalerie appelés à un Conseil de guerre d'Infanterie, & ceux d'Infanterie appelés à un Conseil de guerre de Cavalerie, prendront séance à la gauche du Président, & en ce cas les Officiers du corps dont sera l'accusé, se rangeront successivement à droite du Président.

23.

Commissaire des guerres.

Le Commissaire des guerres ayant la police de la troupe dont sera l'accusé, pourra assister au Conseil de guerre; en ce cas il se mettra à la gauche du Président, & pourra représenter aux Juges les Ordonnances relatives au délit dont il sera question, mais il n'y aura pas voix délibérative.

24.

Place du Major.

Le Major s'asseoira près de la table, vis-à-vis le Président, & apportera les Ordonnances militaires & les informations.

25.

Présence des Officiers de la garnison.

Tous les Officiers de la garnison, de quelque corps qu'ils soient, pourront être présens au Conseil de guerre; & ils s'y tiendront debout, chapeau bas & en silence.

26.

Rapport du procès.

LES Juges étant assis & couverts; après que le Président aura dit le sujet pour lequel le Conseil de guerre sera assemblé, le Major de la place ou du quartier, fera lecture de la requête contenant plaintes, des informations, du recolement & de la confrontation des témoins & de ses conclusions, qu'il sera tenu de signer.

Le Major se tiendra couvert comme les autres Juges, pendant le rapport du procès, & ne se découvrira que lorsqu'il donnera ses conclusions, comme doit faire chaque Juge quand il opine.

27.

Interrogatoire de l'accusé.

APRÈS la visite & la lecture entière du procès, le Président ordonnera que l'accusé soit amené devant l'assemblée, où il le fera asseoir sur la sellette, si les conclusions sont à peines afflictives; sinon, il y comparoîtra debout.

28.

LE Président après lui avoir fait prêter serment de dire la vérité, procèdera à son dernier interrogatoire; chaque Juge pourra l'interroger à son tour, & il sera reconduit en prison, quand les interrogatoires seront finis.

29.

Manière d'opiner.

L'ACCUSÉ étant sorti, le Président prendra les voix pour le jugement de l'accusé.

30.

LE dernier Juge opinera le premier, & ainsi de suite en remontant jusqu'au Président qui opinera le dernier.

31.

DANS le Conseil de guerre mêlé d'Officiers d'Infanterie, de Cavalerie & de Dragons, les Officiers de Cavalerie & de Dragons, opineront les premiers, s'il s'agit de juger un Fantassin; & ce seront les Officiers d'Infanterie, s'il s'agit de juger un Cavalier ou un Dragon.

32.

CELUI qui opinera, ôtera son chapeau, & dira à voix

haute, que trouvant l'accusé convaincu, il le condamne à telle peine ordonnée pour tel crime, ou que le jugeant innocent, il le renvoie absous, ou si l'affaire lui paroît douteuse, faute de preuves, qu'il conclut à un plus ample informé, l'accusé restant en prison.

33.

A mesure que chaque Juge donnera son avis, il l'écrira au bas des conclusions du Major & les signera.

34.

L'AVIS le plus doux prévaudra dans les jugemens, si le plus sévère ne l'emporte de deux voix, & l'avis du Président ne sera compté que pour une voix, comme celui des autres Juges.

35.

Sentence.

L'ACCUSÉ étant jugé, le Major fera dresser la sentence suivant les modèles imprimés qui ont été envoyés à tous les corps, tous les Juges signeront au bas, quand bien même ils auroient été d'avis différens de celui qui aura prévalu, & il en sera envoyé une expédition, ainsi que de toute la procédure, au Secrétaire d'État ayant le département de la guerre, & au Commandant en chef du département ou de la province.

36.

LE Major ira ensuite à la prison, avec celui qui lui servira de Greffier, & si l'accusé est renvoyé absous, il le fera mettre en liberté aussi-tôt que son jugement lui aura été prononcé.

37.

SI l'accusé est condamné à mort ou à une peine corporelle, le Major le fera mettre à genoux pendant que le Greffier lui lira sa sentence; dans le premier cas, on lui donnera aussi-tôt un confesseur, & il sera exécuté dans la journée; dans le second, il restera en prison jusqu'au moment de l'exécution.

38.

DÉFEND Sa Majesté aux Officiers généraux ou aux Commandans

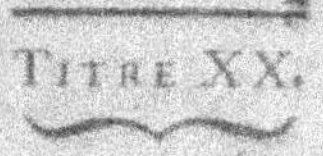

Commandans des places, d'ordonner ni souffrir, sous tel prétexte que ce puisse être, qu'il soit sursis à l'exécution d'un jugement du Conseil de guerre, sans un ordre exprès de Sa Majesté.

39.

Invalides.

DANS les cas néanmoins où des Soldats invalides seront prévenus de quelque crime ou délit militaire, toute la procédure sera instruite sous l'autorité du Conseil de guerre, & conduite jusqu'à jugement définitif, exclusivement : L'intention de Sa Majesté étant qu'il soit sursis audit jugement, en attendant que sur le compte qui lui en sera rendu, il en soit par Elle ordonné, bien entendu que cette surséance n'aura lieu que pour les crimes qui exigeront une punition capitale.

40.

Exécution.

LE Commandant supérieur de la place pourra, s'il le juge à propos, faire prendre les armes à toute la garnison, pour assister aux exécutions, ou seulement au régiment dont sera le coupable, & à des détachemens des autres corps, lesquels détachemens se placeront aux exécutions à droite & à gauche du régiment dont sera le criminel.

41.

LORSQUE l'on amènera le criminel sur le lieu de l'exécution, les Troupes seront sous les armes, l'Infanterie portant les armes, les Officiers à leurs postes. Les Tambours battant aux champs, & il sera publié à la tête de chaque troupe un ban, portant défense, sous peine de la vie, de crier *grâce*.

42.

LE criminel étant arrivé au centre des Troupes, on le fera mettre à genoux, on lui lira sa sentence à haute voix, & s'il doit être remis entre les mains de l'Exécuteur, on le dégradera des armes, après quoi on le conduira au lieu du supplice.

43.

CELUI qui aura été condamné à être pendu, sera passé

par les armes au défaut d'Exécuteur, & en ce cas il en sera fait mention au bas de la sentence.

44.

L'EXÉCUTION étant faite, les Troupes défileront devant le mort, le régiment dont sera l'exécuté marchant avant les détachemens des autres régimens.

45.

LES régimens Allemands ayant leur justice particulière, pourront tenir leurs Conseils de guerre dans les places chez leur Commandant, à la prison ou en tel autre endroit qu'ils jugeront convenable, & les Majors de ces régimens instruiront les procès des Soldats de leurs corps, selon les formes usitées dans leur nation, à l'exclusion de ceux des places.

46.

LES Commandans de ces régimens, ne pourront cependant assembler le Conseil de guerre, qu'après en avoir obtenu la permission du Commandant supérieur de la place; & ils seront tenus d'envoyer audit Commandant un Officier pour l'informer du jugement, & lui demander la permission de le faire exécuter suivant leur usage; & il y sera envoyé des détachemens de la garnison, qui prendront la gauche du régiment dont sera le condamné.

47.

LES Officiers desdits régimens étrangers, qui ont leur justice particulière, ne seront point tenus de se trouver à d'autres Conseils de guerre que ceux de leur régiment.

48.

LES régimens Suisses qui ont aussi leur justice particulière, seront tenus de se conformer à ce qui est prescrit par l'article 46; un Officier ira de même informer le Commandant supérieur de la place, du jugement, & s'il doit y avoir exécution, afin qu'en ce dernier cas, ledit Commandant puisse y faire trouver les détachemens de la garnison, sans néanmoins que l'exécution puisse être différée au-delà d'une demi-heure, si les détachemens tardoient plus long-temps à se rendre sur le lieu où elle devra se faire.

49.

Gendarmerie & Gardes-françoises.

La Gendarmerie & le régiment des Gardes-françoises, exerceront leur justice dans les places, ainsi qu'elle est établie dans leur corps.

50.

Les régimens de Cavalerie & de Dragons, se conformeront, tant dans les places qu'en quartier, pour les Conseils de guerre & les exécutions, à tout ce qui est prescrit par les différens articles du présent Titre.

TITRE XXI.

Des Prisons militaires.

ARTICLE PREMIER.

Les prisons militaires d'une place, seront toujours séparées des prisons civiles; & à cet effet, à mesure que les circonstances le permettront, il sera bâti des prisons militaires dans les places où il n'y en aura pas.

2.

Ces prisons militaires seront disposées de manière que les chambres ou sales destinées pour les Soldats, Cavaliers, Dragons, Tambours & Trompettes, n'aient point de communication avec celles dans lesquelles on devra mettre les Fourriers, Sergens, Maréchaux-des-logis, Caporaux ou Brigadiers, ni celles-ci avec les chambres des Officiers.

3.

A cet effet, la prison des bas Officiers, sera placée dans la chambre que les Geoliers se réservoient par abus; défendant Sa Majesté à tous Geoliers des prisons militaires, de se réserver aucune chambre, sous telle dénomination & sous tel prétexte que ce soit.

4.

CHAQUE cachot sera pareillement séparé, & n'aura aucune communcation, ni avec les autres cachots, ni avec les salles ou autres chambres de la prison.

5.

IL n'y aura aucune espèce de meubles dans les chambres des bas Officiers, Soldats, Cavaliers ou Dragons, ni dans les cachots; il y aura seulement des lits de camp, des vases propres à contenir l'eau dont les prisonniers auront besoin pour boire, & des baquets pour se vider; lesquels lits de camp, vases & baquets seront construits & fournis aux dépens de Sa Majesté.

6.

IL n'y aura d'autres meubles dans les chambres destinées aux Officiers, qu'une table, une chaise de paille, un chandelier de fer, un pot-à-l'eau, un vase de nuit & une couchette garnie d'une paillasse, d'un matelas, un traversin & une couverture, qui seront fournis aux dépens de Sa Majesté; laquelle défend très-expressément au Geolier d'en laisser entrer d'autres ni d'en louer.

7.

IL sera fourni une botte de paille, du poids de douze livres à chaque bas Officier, Soldat, Cavalier & Dragon, le jour qu'il entrera en prison; & cette paille sera renouvelée au bout de huit jours, s'il reste plus long-temps en prison.

8.

TOUT bas Officier, Soldat, Cavalier ou Dragon qui sera mis en prison, y sera au pain & à l'eau, pendant tout le temps qu'il devra y demeurer; la dépense en sera prise sur sa solde, & le surplus de sadite solde sera réuni à la Masse particulière de l'entretien du Soldat, Cavalier ou Dragon de sa compagnie.

9.

9.

TOUT Officier qui sera mis en prison, sera réduit à la nourriture la plus simple; il ne pourra être visité par qui que ce soit, sans une permission par écrit du Commandant du corps, visée par le Commandant supérieur de la place.

10.

LORSQU'UN bas Officier, Soldat, Cavalier ou Dragon tombera malade dans la prison, le Sergent ou le Maréchal-des-logis de la subdivision de laquelle sera le prisonnier malade en avertira le Chirurgien-major du régiment, & à son défaut, celui de l'hôpital militaire qui sera obligé de venir sur le champ visiter le malade, & s'il le trouve dans le cas d'aller à l'hôpital, il en rendra compte au Commandant du régiment qui fera demander, par le Major ou un Aide-major, au Commandant supérieur de la place, la permission de faire sortir le malade pour le faire entrer à l'hôpital.

11.

LE Commandant supérieur de la place ayant donné ladite permission par écrit au Major ou Aide-major du régiment; celui-ci la portera au Major de la place ou du quartier, qui enverra au Geolier un billet de sortie pour ledit prisonnier malade, qui sera conduit à l'hôpital par le Sergent de la subdivision; si ledit prisonnier étoit criminel, il seroit escorté à l'hôpital par un Caporal & deux Fusiliers armés, & il seroit gardé jour & nuit par une sentinelle, qui à cet effet, seroit placée à côté de son lit, & qui y seroit relevée toutes les heures.

12.

LES Commandans des corps rendront compte, lors de la parade, au Commandant supérieur de la place, des motifs qui les auront engagés à faire mettre en prison les Officiers, bas Officiers, Soldats, Cavaliers ou Dragons qui y auront été mis: ils demanderont même la permission de faire sortir de prison lesdits Officiers, bas

Officiers, Soldats, Cavaliers & Dragons qu'ils croiront assez punis; le Commandant supérieur de la place ou du quartier ne pourra refuser leur élargissement sans des raisons essentielles, dont il rendra compte sur le champ au Secrétaire d'État ayant le département de la guerre.

13.

LORSQUE les Commandans des corps n'auront pu se trouver à la parade pour raison de service ou de maladie, le Major du régiment rendra ce compte & demandera cette permission.

14.

TOUT Capitaine qui sera mettre en prison un bas Officier, Soldat, Cavalier ou Dragon, soit de sa compagnie ou d'une autre compagnie du régiment, en rendra d'abord compte au Major du régiment, & lui remettra par écrit les motifs qui l'auront obligé de punir ledit bas Officier, Soldat, Cavalier ou Dragon, & ira ensuite en rendre compte verbalement au Commandant du corps.

15.

TOUT Aide-major, Sous-aide-major, Lieutenant, Sous-lieutenant, Quartier-maître, Porte-drapeau, Porte-étendard ou Porte-guidon, qui sera mettre en prison un bas Officier, Soldat, Cavalier ou Dragon, soit de la compagnie à laquelle il sera attaché, soit d'une autre, en ira sur le champ rendre compte au Capitaine de la compagnie de laquelle sera ledit Soldat, Cavalier ou Dragon, & lui donnera par écrit les motifs qui l'auront engagé à le punir, après quoi il ira en rendre compte au Major du régiment.

16.

TOUT Fourrier, Sergent, Maréchal-des-logis, Caporal ou Brigadier qui sera mettre en prison un Soldat, Cavalier ou Dragon, en rendra compte au Commandant de la subdivision de laquelle sera ledit Soldat, Cavalier ou Dragon, & ira ensuite en rendre un pareil au Major du régiment, en lui donnant par écrit les motifs de la détention dudit Soldat, Cavalier ou Dragon.

17.

Le Major du régiment auquel on aura remis par écrit les motifs qui auront engagé chaque Officier & bas Officier à mettre en prison les bas Officiers, Soldats, Cavaliers ou Dragons, en fera dresser un état, qu'il remettra tous les matins au Commandant du régiment.

18.

Le Major du régiment sera pareillement tenu de rendre compte ou faire rendre compte au Major de la place ou du quartier, des Officiers, bas Officiers, Soldats, Cavaliers ou Dragons qui auront été mis en prison, & de lui donner par écrit les motifs de leur détention; le Major de la place ou du quartier enregistrera la date de l'emprisonnement & les motifs, afin de pouvoir en dresser un état général, pour le présenter tous les jours au Commandant supérieur de la place ou du quartier.

19.

Tout Officier qui fera mettre en prison un bas Officier, Soldat, Cavalier ou Dragon d'un autre régiment que de celui dont il sera, en rendra compte au Commandant de la troupe, & lui donnera par écrit les motifs qui l'auront engagé à le punir.

20.

Il sera défendu au Geolier, sous les peines les plus sévères, & sous celles d'être chassé, de laisser entrer d'autres alimens pour les bas Officiers, Soldats, Cavaliers ou Dragons, que du pain & de l'eau.

21.

Il lui sera défendu, sous les mêmes peines, de vendre ou donner auxdits bas Officiers, Soldats, Cavaliers & Dragons, aucune autre espèce d'alimens ou de boisson, ni de les placer séparément des autres prisonniers de leur classe, chaque prisonnier devant rester dans la chambre commune à son grade.

22.

LEDIT Geolier ne pourra demander pour la ſortie de chaque priſonnier qu'un demi-jour de la ſolde, & il ne ſouffrira pas que, ſous prétexte de bien-venue ou tout autre, on exige d'aucun priſonnier de l'argent, à titre de bien-venue; Sa Majeſté déclarant que ſon intention eſt de l'en rendre perſonnellement reſponſable.

23.

DANS les places, indépendamment du demi-jour de ſolde attribué au Geolier pour la ſortie de chaque priſonnier, Sa Majeſté veut bien lui accorder un ſou par jour pour la paille de chaque priſonnier.

24.

IL ſera tenu des regiſtres, cottés & paraphés feuille par feuille, du jour de l'entrée & de celui de la ſortie des priſonniers; ces regiſtres ſeront dépoſés chez le Major de la place ou du quartier, & en ſa préſence le Geolier ira tous les matins enregiſtrer les priſonniers qui ſeront entrés la veille en priſon & qui en ſeront ſortis, & le 1.er de chaque mois, ledit Major en fera faire un extrait pour conſtater le nombre de jours des priſonniers du mois précédent, lequel extrait il ſignera & remettra enſuite audit Geolier pour qu'il ſoit payé de la paille qu'il aura fournie ſur l'ordonnance de l'Intendant du département.

25.

LE Geolier fera ſortir tous les jours, des chambres ou des ſalles, les priſonniers pour ſe promener & prendre l'air pendant une heure dans la cour de la priſon; chaque chambre ou ſalle aura une heure différente pour que les bas Officiers, Soldats, Cavaliers ou Dragons ne ſe rencontrent pas.

26.

IL ſera nommé, tous les jours à l'ordre général, un Capitaine qui roulera ſur toute la garniſon pour faire la viſite de la priſon, & vérifier ſi la police y eſt exercée, ſi le Geolier exécute ce qui lui eſt ordonné, & s'il n'y a

pas

pas de bas Officiers, Soldats, Cavaliers ou Dragons qui soient malades, & il en rendra compte au Commandant supérieur de la place.

27.

ON se conformera, pour la Cavalerie & les Dragons, à tout ce qui vient d'être prescrit.

28.

LES régimens Suisses & Grisons, autorisés à retenir leurs Soldats dans des prisons particulières, ne pourront cependant se dispenser de se conformer à tout ce qui est prescrit pour les Soldats des régimens François.

TITRE XXII.

Des Honneurs militaires qui seront rendus dans la Place.

ARTICLE PREMIER.

LORSQUE le Saint-Sacrement passera à la vue d'une garde ou d'un autre poste d'Infanterie, les Officiers, bas Officiers & Soldats du poste, prendront les armes, mettront le genou droit en terre, présenteront les armes, mettront avec la main droite le chapeau sur le genou gauche, & les Tambours battront aux champs. *Saint-Sacrement.*

2.

SI le Saint-Sacrement passe devant une troupe d'Infanterie placée sous les armes, elle mettra de même un genou en terre, & présentera les armes, le chapeau bas; les Drapeaux salueront, les Officiers salueront aussi du fusil, & s'agenouilleront aussitôt après ce salut.

3.

TOUTE troupe de Cavalerie ou de Dragons, étant à cheval, mettra le sabre à la main ou aura le fusil haut, le chapeau ou le casque sur la crosse du pistolet, les Officiers & étendards ou guidons salueront; si elle est à pied, les Cavaliers ou Dragons présenteront le mousqueton ou les armes, & mettront le genou en terre, le chapeau ou le casque sur la garde du sabre, les Trompettes & Tambours sonneront & battront la marche.

4.

Si une troupe, soit d'Infanterie ou de Cavalerie, étoit en marche, elle sera *halte*, mettra la baïonnette au bout du fusil, & se mettra en bataille pour rendre les mêmes honneurs.

5.

Aux processions du Saint-Sacrement, s'il y a assez d'Infanterie dans la place, elle bordera la haie de chaque côté des rues où la procession devra passer; le poste d'honneur sera à la droite de la porte de l'église par laquelle la procession sortira; le plus ancien régiment de la garnison prendra la droite, le second prendra la gauche, les autres régimens se formeront ensuite alternativement à droite & à gauche.

Toute la Cavalerie sera en bataille sur les places les plus commodes; mais lorsqu'il n'y aura pas en même temps, de l'Infanterie dans la même place ou dans le même quartier, il en sera détaché un certain nombre de Carabiniers, plus ou moins considérable, suivant la force de la troupe, avec un nombre d'Officiers & de bas Officiers, à proportion, pour escorter à pied le Saint-Sacrement, en marchant sur une file de chaque côté du dais: ce détachement portera alors le mousqueton & aura le chapeau sur la garde du sabre, l'Officier qui le commande marchera à la tête de sa troupe.

6.

La première compagnie de Grenadiers de chacun des deux premiers régimens de la garnison, marchera sur deux files, des deux côtés du dais, c'est-à-dire, celle du plus ancien régiment à la droite, & l'autre à la gauche, les Officiers étant à la tête desdites compagnies, sans prétendre de place à la suite du dais; mais toutes les autres compagnies de Grenadiers de la garnison resteront leur bataillon. Les Grenadiers qui marcheront aux deux côtés du dais seront découverts.

7.

Le Roi.

LORSQUE Sa Majesté devra entrer dans une place, ville ou bourg où il y aura de l'Infanterie & de la Cavalerie ou Dragons, toute l'Infanterie de la garnison prendra les armes, bordera la haie des deux côtés de la rue par où Sa Majesté devra passer, & présentera les armes.

Toute la Cavalerie ira au-devant de Sa Majesté jusqu'au lieu qui lui sera indiqué par le Commandant supérieur de la place ou du quartier, les étendards ou guidons & les Officiers salueront, les Timbales & Trompettes battront & sonneront la marche.

8.

ON regardera comme la droite & le poste d'honneur, le côté qui sera à droite en sortant du logis de Sa Majesté; mais si Elle ne loge pas dans la place, & qu'Elle ne fasse que la traverser, le poste d'honneur sera à la droite de la porte par laquelle Sa Majesté entrera.

9.

LES Officiers salueront du fusil & du drapeau, & les Tambours battront aux champs.

10.

LES Officiers généraux, s'il y en a dans la place, se mettront à la tête des Troupes qui seront sous leurs ordres.

11.

LE Commandant supérieur de la place, le Gouverneur & les autres Officiers de l'État-major de la place, se trouveront sur le glacis en dehors de la première barrière, pour présenter les clefs.

12.

IL sera fait trois salves de toute l'Artillerie de la place, après que Sa Majesté aura passé les ponts.

13.

SI Sa Majesté s'arrête dans la place, & que les Troupes

destinées à sa garde particulière ne soient pas près de sa personne, il en sera fourni une par le plus ancien des régimens François de la garnison, composée d'un bataillon, commandée par le Colonel avec le drapeau blanc, laquelle garde ne pourra être relevée par aucun autre régiment que celui qui l'aura fournie.

14.

IL sera mis pareillement dans le même cas, devant le logis de Sa Majesté, un escadron de garde du plus ancien régiment de Cavalerie de la garnison, commandé par le Mestre-de-camp, lequel escadron fournira deux vedettes, le sabre à la main devant la porte, & sera relevé successivement par les premiers escadrons des autres régimens de la garnison.

Lorsque Sa Majesté sortira de la place, l'Infanterie bordera pareillement la haie jusqu'à la porte par laquelle Elle devra sortir, & la Cavalerie se trouvera sur son passage hors de la place ou du quartier, & dès que Sa Majesté en sera sortie, on la saluera par trois décharges de toute l'artillerie.

15.

Princes du Sang.

QUAND les Princes du Sang ou les Princes légitimés de France passeront par une place ou s'y arrêteront, l'Infanterie sera en haie de chaque côté de la rue, présentant les armes, la Cavalerie ira au-devant d'eux, les Troupes les salueront, l'État-major les recevra à la barrière; on fera une décharge générale de l'artillerie de la place, & leur garde sera de cinquante hommes commandés par un Capitaine avec les Officiers subalternes à proportion, & un drapeau de couleur.

16.

Maréchaux de France.

LES Maréchaux de France seront reçus, l'Infanterie étant pareillement en haie, & présentant les armes; la Cavalerie ira au-devant d'eux, ils seront salués par les Troupes, l'État-major se trouvera à la barrière de la ville; on tirera pour eux douze volées de canon, & à leur arrivée

arrivée ils trouveront devant leur logis une garde de cinquante hommes, avec un drapeau de couleur, commandés par un Capitaine, & les Officiers subalternes à proportion.

17.

Gouverneurs & Lieutenans généraux de province.

LES Gouverneurs & Lieutenans généraux de province, lorsqu'ils voudront faire leur entrée d'honneur dans les places, citadelles & châteaux de leur gouvernement, ce qu'ils ne pourront faire qu'une fois seulement, avec l'agrément de Sa Majesté, ou à chaque mutation de Gouverneur particulier en icelle, en donnant avis au Gouverneur ou Commandant de la place pour qu'il se dispose à les recevoir.

18.

ILS entreront dans la place en voiture ou à cheval, à leur option, précédés de leurs gardes, portant la carabine & la casaque de livrée, & accompagnés de leurs Gentilshommes & autres de leur suite.

19.

LE Gouverneur ou Commandant de la place se trouvera à la barrière pour les recevoir & les accompagner par-tout, jusqu'à leur sortie de la place.

20.

LA garnison sera en haie, portant les armes, les Officiers salueront & les Tambours appelleront; on tirera cinq volées de gros canon; il sera donné une garde de trente hommes commandés par un Lieutenant, le Tambour appellera.

21.

LE Commandant de la place prendra l'ordre d'eux le jour de leur arrivée & celui de leur départ, & ils le donneront au Major les autres jours.

22.

LES Gardes des portes & autres se mettront en haie ou en bataille sur leur passage, & à leur sortie on tirera pareillement cinq volées de gros canon.

Titre XXII.

23.

Si les Gouverneurs & Lieutenans généraux, ayant fait leur entrée d'honneur, retournent dans les places de leur gouvernement après un an & un jour d'absence, les Gouverneurs & Commandans des places les iront recevoir à l'entrée d'icelles, & il en sera usé pour leur garde & pour le mot comme il vient d'être expliqué; mais les Troupes ne prendront pas les armes.

24.

Lesdits Gouverneurs ou Lieutenans généraux des provinces qui seront Maréchaux de France ou Lieutenans généraux des armées, recevront les honneurs qui leur sont dûs dans lesdites qualités.

25.

Si lesdits Gouverneurs ou Lieutenans généraux des provinces, ont l'agrément du Roi pour commander dans les provinces dont ils auront le gouvernement ou la lieutenance générale, quand même ils ne seroient pas Officiers généraux, ils seront salués par les Troupes, de même que les Lieutenans généraux des armées, commandant dans les provinces.

26.

Lieutenans généraux des armées.

Les Lieutenans généraux des armées, commandans en chef dans une province, seront salués de cinq volées de canon, lors de leur première entrée dans les places.

27.

On enverra à leur logis, après leur arrivée, une garde de cinquante hommes, sans drapeau, commandés par un Capitaine; le Tambour appellera.

28.

Les Troupes ne les salueront que la première fois qu'ils les verront, après leur arrivée dans leur commandement, & la dernière avant leur départ.

29.

Ceux desdits Lieutenans généraux des armées, qui commanderont sous d'autres Chefs, ou qui seront seulement employés par lettres de service, n'auront qu'une garde de trente hommes, commandés par un Lieutenant; le Tambour appellera.

30.

LES gardes ou postes à pied des places ou des quartiers, prendront les armes pour les Lieutenans généraux des armées qui commanderont dans les provinces, ou y seront employés par lettres de service, & les Tambours desdites gardes appelleront pour eux.

31.

LES gardes ou postes de Cavalerie à cheval, monteront à cheval, mettront le sabre à la main, & les Trompettes sonneront la marche pour les Princes du Sang, les Princes légitimés & les Maréchaux de France; les Trompettes ne sonneront que l'appel pour les Lieutenans généraux des armées & pour les Gouverneurs & Lieutenans généraux des provinces.

32.

Maréchaux de camp. Brigadiers.

LES Maréchaux-de-camp, commandans en chef dans les provinces, auront trente hommes & un Officier de garde, avec un Tambour qui appellera.

33.

LES Maréchaux-de-camp, commandans en second, ou qui auront seulement des lettres de service, n'auront que quinze hommes de garde, commandés par un Sergent, & le Tambour qui les conduira à leur logis, n'y restera point.

34.

LES Gardes à cheval des places, monteront à cheval pour lesdits Maréchaux-de-camp, commandans ou employés; mais le Tambour prêt à battre, ne battra point; les Trompettes se tiendront pareillement prêts à sonner, mais ils ne sonneront point.

35.

LES Gardes à cheval, seront tenus de monter à cheval

TITRE XXII. pour le Gouverneur ou Commandant de la place ou du quartier, mais ils ne mettront point le sabre à la main.

36.

Brigadiers.

LE Brigadier commandant dans une province, aura un Caporal & dix hommes, sans Tambour; & s'il n'est employé que par lettres de service, il aura seulement une sentinelle à la porte du logis.

37.

LES Gardes des places prendront les armes pour les Brigadiers qui commanderont dans la province.

38.

Inspecteurs.

LES Inspecteurs généraux des Troupes, qui seront Officiers généraux des armées ou Brigadiers, recevront les mêmes honneurs dans les places que s'ils y étoient employés par lettres de service dans lesdites qualités.

39.

Gardes d'honneurs.

S'IL se trouve en même temps dans une place plusieurs Princes du Sang & Maréchaux de France, leurs gardes prendront respectivement les armes lorsqu'ils se visiteront, & les Tambours battront aux champs.

Les autres gardes d'honneur ne prendront les armes que pour les Princes du Sang & les Maréchaux de France & pour celui qu'elles garderont.

40.

LES gardes d'honneur seront fournies par le plus ancien régiment françois de la garnison, & lorsqu'il y en aura plusieurs à fournir, la première sera fournie par le premier régiment, la seconde par le plus ancien après le premier, & ainsi des autres successivement.

41.

LES gardes des Princes du Sang & des Maréchaux de France, seront posées devant leur logis avant leur arrivée, celles des Lieutenans généraux & autres Officiers inférieurs n'y seront envoyées qu'après.

42.

42.

LES Tambours battront toujours aux champs, & les Trompettes ſonneront la marche pour ceux qui auront une garde avec un drapeau.

43.

DANS le cas d'aſſemblée d'armées où les garniſons ne ſeroient pas aſſez nombreuſes pour fournir des gardes aux Officiers généraux employés, qui ſe trouveront dans les places, ou lorſque leſdits Officiers généraux jugeront à propos de ne pas conſerver leur garde en entier, afin de ne pas fatiguer les Troupes, on mettra ſeulement des Sentinelles à la porte de leur logis, ſavoir, deux Sentinelles tirées des Grenadiers, à la porte d'un Lieutenant général, & deux Sentinelles tirées des Fuſiliers à celle d'un Maréchal-de-camp.

Le nombre de Troupes néceſſaire pour fournir toutes ces Sentinelles ſera placé dans le corps-de-garde le plus voiſin du logement où ces Sentinelles devront être fournies.

44.

LES Troupes qui paſſeront dans les places, ou qui n'y ſéjourneront qu'un ou deux jours, ne ſeront point tenues d'y fournir des gardes d'honneurs.

45.

Gouverneurs & Commandans des places.

LES Gouverneurs particuliers, Lieutenans de Roi & Commandans des places ne pourront exiger qu'une Sentinelle, quand même ils ſeroient Officiers généraux, à moins qu'ils n'euſſent des lettres de ſervice en cette qualité; mais cette ſentinelle ſera tirée des Grenadiers pour les Gouverneurs, Commandans & Lieutenans de Roi, Officiers généraux; au lieu qu'elle ne ſera fournie que par les compagnies de Fuſiliers pour les Gouverneurs, Commandans & Lieutenans de Roi qui ne ſeront point Officiers généraux, & pour tous autres Commandans inférieurs.

46.

LES Officiers & Soldats des postes, vis-à-vis desquels ils passeront, sortiront du corps-de-garde, reposés sur les armes si lesdits Gouverneurs particuliers, Lieutenans de Roi ou autres Commandans sont Officiers généraux ou Brigadiers, quoique sans lettres de service, mais sans prendre les armes s'ils ne sont pas Officiers généraux.

47.

IL sera aussi fourni une Sentinelle à la porte du Trésorier des Troupes de la place.

48

AU défaut d'Infanterie dans une place ou dans un quartier, la Cavalerie fournira deux Sentinelles à pied, reposées sur le mousqueton à la porte d'un Lieutenant général; elle en fournira pareillement deux portant le mousqueton à la porte d'un Maréchal-de-camp, & seulement un portant le mousqueton à la porte du Gouverneur ou autre Commandant de la place ou du quartier.

49.

Défense de rendre, ni d'exiger plus qu'il n'est ordonné.

DÉFEND Sa Majesté à tout Officier, & à qui que ce soit, d'exiger qu'on lui rendre d'autres honneurs que ceux qui viennent d'être attribués à son grade; & à toutes les Troupes, d'en rendre à qui que ce soit au-delà de ce qui est prescrit ci-dessus, à moins d'un ordre exprès de Sa Majesté: Elle leur défend en même temps de fournir des Sentinelles à d'autres personnes que celles qui viennent d'être nommées; & en cas que quelqu'un exige d'autres honneurs ou d'autres Sentinelles que celles qui ont été ordonnées, l'intention de Sa Majesté est que les Majors des places ou des quartiers & ceux des régimens soient tenus d'en rendre compte sur le champ au Secrétaire d'État ayant le département de la guerre, & au Commandant en chef du département ou de la province, afin que sur le compte qui en sera rendu à Sa Majesté, Elle donne ses ordres pour faire punir ceux qui y auront contrevenu.

TITRE XXIII.

Des Honneurs funèbres.

ARTICLE PREMIER.

Maréchaux de France.

LORSQU'UN Maréchal de France mourra dans une place, on tirera un coup de canon de demi-heure en demi-heure, depuis sa mort jusqu'au départ de son convoi.

2.

L'INFANTERIE de la garnison prendra les armes; la Cavalerie montera à cheval, & le tout marchera à la tête du convoi.

3.

QUAND le corps sera mis en terre ou déposé, on tirera trois décharges de douze pièces de canon chacune, & autant de salves de la mousqueterie des Troupes, comme il sera expliqué ci-après.

4.

Gouverneurs & Lieutenans généraux des Provinces, & Lieutenans généraux des armées y commandans.

POUR le convoi d'un Gouverneur ou Lieutenant général de province, ou pour celui d'un Lieutenant général des armées, commandant dans une province, toute l'Infanterie de la garnison marchera pareillement; toute la Cavalerie montera aussi à cheval, & il sera tiré trois décharges de cinq pièces de canon.

5.

Maréchaux-de-camp commandans dans les Provinces.

POUR le convoi d'un Maréchal-de-camp, commandant dans une province, on rendra les mêmes honneurs qu'à celui d'un Lieutenant général; à la réserve qu'il ne sera point tiré de canon.

6.

Des Officiers généraux employés.

ON fera marcher deux détachemens de chacun des régimens de la garnison, au convoi des Lieutenans généraux & Maréchaux-de-camp, employés par lettres de service; chacun des détachemens d'Infanterie qui seront ordonnés, sera composé d'un Capitaine, un Lieutenant, un Sous-lieutenant, quatre Sergens, un Tambour & huit escouades.

Chacun des détachemens de Cavalerie ou de Dragons, sera composé d'un Capitaine, un Lieutenant, un Sous-lieutenant, quatre Maréchaux-des-logis, un Trompette & huit escouades.

Il ne marchera qu'un Lieutenant avec un demi-détachement.

7.

Brigadiers.

Au convoi d'un Brigadier employé, on sera marcher un détachement de chacune des troupes d'Infanterie, de Cavalerie ou de Dragons de la garnison, suivant l'espèce desdites troupes, dans laquelle servoit le défunt; & s'il est Colonel ou Mestre-de-camp, son régiment marchera en entier, indépendamment desdits détachemens.

8.

Gouverneurs.

Pour le Gouverneur de la place, toute la garnison prendra les armes, & marchera à son convoi, avec les drapeaux.

9.

Lieutenans de Roi & Commandans.

Pour les Lieutenans de Roi ou autre Commandant particulier de la place ou du quartier, la moitié de la garnison prendra les armes, sans drapeau.

10.

Major de la place.

Pour le Major de la place ou du quartier, lorsqu'il ne commandera pas, il y aura deux détachemens d'Infanterie; & s'il n'y a pas d'Infanterie dans la place ou dans le quartier, il y marchera deux détachemens de Cavalerie ou de Dragons, à pied.

11.

Aides-majors de la place & Capitaines des portes.

Il y aura un détachement pour un Aide-major, & un demi-détachement pour un Sous-aide-major.

12.

IL y aura un détachement d'Infanterie pour un Commissaire des guerres, & un détachement de Cavalerie s'il n'y a pas d'Infanterie. *Commissaires des guerres.*

13.

POUR un Colonel ou un Mestre-de-camp qui sera dans la place ou dans le quartier avec son régiment, ledit régiment marchera en corps au convoi, celui de Cavalerie ou de Dragons marchera à pied. *Colonels & Lieutenans-colonels.*

14.

POUR les Colonels ou Mestres-de-camp en pied qui ne seront point avec leur corps ou ceux qui n'auront que des réformes ou des commissions, on commandera quatre détachemens d'Infanterie pour les Colonels, & quatre détachemens de Cavalerie ou de Dragons pour les Mestres-de-camp: bien entendu que s'il n'y a point d'Infanterie dans la place ou dans le quartier, la Cavalerie ou les Dragons fourniront les détachemens pour le convoi d'un Colonel; l'Infanterie les fournira de même pour un Mestre-de-camp s'il n'y a point de Cavalerie dans la place ou dans le quartier.

15.

POUR un Lieutenant-colonel en pied, il y aura la moitié du régiment, par détachement, avec un drapeau.

16.

POUR un Lieutenant-colonel dont le régiment ne sera pas présent, ou qui sera réformé ou par commission, on commandera trois détachemens de la garnison, sans drapeau.

17.

POUR un Major, on commandera deux détachemens. *Majors.*

18.

POUR un Capitaine, il n'y aura qu'un détachement. *Capitaines.*

19.

POUR un Lieutenant ou un Sous-lieutenant, on commandera un demi-détachement; pour un Porte-drapeau, *Lieutenans & Sous-lieutenans, ou Porte-drapeau,*

Porte-étendard ou Porte-guidon, un Sergent, un Maréchal-des-logis & trois escouades.

Porte-étendard ou Porte-guidon. Bas Officiers.

20.

POUR un Fourrier, Sergent ou Maréchal-des-logis, on commandera un Sergent ou Maréchal-des-logis avec deux escouades.

Pour un Caporal ou Brigadier, on commandera un Caporal ou un Brigadier avec une escouade.

Détachemens commandés par des Officiers de même grade.

21.

TOUS les détachemens qui marcheront pour rendre les honneurs funèbres, seront commandés par des Officiers ou bas Officiers de même grade que celui pour lequel ils seront, ou à leur défaut, par ceux du grade inférieur.

Idem. Pour porter les coins du poële.

22.

IL en sera de même des Officiers qui devront porter les quatre coins du poële.

Armes traînantes.

23.

LES Officiers & les Soldats, Cavaliers ou Dragons, passeront la platine sous le bras gauche.

Mousqueterie.

24.

LES Troupes qui seront commandées, feront trois décharges de leurs armes, savoir, la première lorsque le corps entrera dans l'église, la seconde quand on le mettra en terre, & la troisième après l'enterrement en défilant devant la porte de l'église ou devant la fosse s'il est enterré dehors.

La poudre nécessaire sera tirée des magasins du Roi, sur l'ordre du Commandant de la place ou du quartier, à raison de soixante coups par livre de poudre.

Crêpes.

25.

IL sera mis des crêpes aux drapeaux, étendards ou guidons qui marcheront aux convois, les Timbales & Tambours seront couverts de serge noire, & il sera mis des sourdines & des crêpes aux Trompettes.

26.

Les crêpes resteront aux drapeaux, étendards ou guidons à la mort d'un Colonel ou Mestre-de-camp jusqu'à ce qu'il ait été remplacé.

TITRE XXIV.

Des Scellés & Inventaires des Officiers des États-majors & autres.

Article premier.

Cas où il appartiendra au Major de mettre le scellé.

Les Majors des places ou quartiers & les Aides-majors en leur absence, auront droit d'apposer le scellé sur les effets des Officiers généraux employés par lettres de service, sur ceux des Officiers d'Infanterie, de Cavalerie & de Dragons, Aumôniers & Chirurgiens-majors des régimens, qui décèderont dans leur place, & d'en faire l'inventaire, si ces Officiers y sont tombés malades leur troupe y passant, ou y étant en garnison; ils en useront de même pour les effets des Officiers d'Artillerie & des Ingénieurs, soit qu'ils servent dans lesdites places par semestre ou par extraordinaire, soit qu'ils y soient en résidence fixe.

2.

A l'égard de tous les autres Officiers militaires, qui seront employés en résidence fixe dans les places ou qui s'y trouveront sans leur troupe ou sans emploi, le droit en appartiendra aux Juges des lieux qui ont la connoissance des causes des Nobles.

3.

Vente des effets.

L'Officier-major de la place ou du quartier, ne pourra faire vendre les effets des successions qu'il aura inventoriés, si cette vente n'est nécessaire pour l'acquit des dettes que le défunt auroit faites dans la garnison & pour le payement des frais funéraires, ou s'il n'en est requis par les héritiers; en ce cas il pourra retenir le sou pour livre sur le produit de la vente.

4.

Remise du produit.

Il remettra lesdits effets ou ce qui restera du produit de la vente, lesdites dettes acquittées, à celui ou ceux qui justifieront être les héritiers du défunt, en retirant d'eux une décharge valable; & en cas de contestation, il déposera lesdits effets ou argent au Greffe de la justice des lieux, pour les délivrer à qui il appartiendra.

5.

Retirer les papiers du Roi à la levée du scellé.

Lors de la levée des scellés qui auront été mis par les Juges des lieux sur les effets de la succession des Officiers militaires en résidence, ils seront tenus d'y appeler le Major de la place ou du quartier, ou un Aide-major en son absence, pour en retirer les papiers qui concerneront le service du Roi, & les remettre au successeur du défunt dans son emploi, ou les envoyer au Secrétaire d'État ayant le département de la guerre, si le défunt n'étoit pas dans le cas d'être remplacé.

6.

Droit d'épée.

L'épée que portoit ordinairement l'Officier défunt, sera mise sur son cercueil lors de son enterrement, & le Major de la place ou du quartier, ou l'Aide-major en son absence, pourra la retenir comme un honoraire, en considération du soin qu'il aura pris de faire rendre les honneurs militaires au convoi.

7.

Si le prix de cette épée étoit nécessaire pour l'acquittement des dettes du défunt, elle y seroit employée par préférence.

Si le défunt en avoit disposé authentiquement, avant sa mort, celui en faveur duquel il en auroit disposé en mettroit une autre à la place.

8.

Régimens étrangers.

Les Majors des régimens étrangers mettront le scellé sur les effets de la succession des Officiers de ces régimens,

&

& en feront l'inventaire & la vente par préférence à ceux des places ou des quartiers; à l'égard de l'épée desdits Officiers, elle appartiendra au Major de la place ou du quartier, à l'exclusion du Major du régiment étranger lorsque le convoi desdits Officiers étrangers aura reçu les honneurs militaires par les soins du Major de la place; mais l'épée des Officiers des régimens Suisses & Grisons, restera entre les mains du Major du régiment.

9.

Il en sera usé pour les Officiers du corps de la Gendarmerie de la même manière qu'il est réglé pour les Officiers des régimens étrangers, par l'article 8 du présent Titre.

TITRE XXV.

Des Citadelles, Forts & Châteaux.

ARTICLE PREMIER.

N'en sortira plus du tiers de la garnison.

Les Gouverneurs ou Commandans des citadelles, forts & châteaux, quand même ils commanderoient dans les villes & places auxquelles lesdites citadelles, forts & châteaux sont attachés, ne pourront en tirer la garnison ou partie d'icelle, sans un ordre exprès de Sa Majesté, hors le seul cas de nécessité urgente pour la sûreté & conservation desdites villes & places, auquel cas Elle leur permet de faire ou laisser sortir le tiers de leur garnison, & non davantage, sur les ordres ou réquisition par écrit qu'ils en recevront du Commandant en chef du département ou de la province, ou du Commandant supérieur de la place.

2.

Entrée des Troupes.

Ne pourront pareillement lesdits Gouverneurs ou Commandans des citadelles, forts & châteaux, y laisser entrer aucune troupe que celles qui y seront envoyées par l'ordre exprès de Sa Majesté, à moins qu'Elle n'en eût donné le pouvoir spécial au Commandant en chef du département ou de la province.

3.

PERMET cependant Sa Majesté aux Gouverneurs ou Commandans des citadelles, forts & châteaux, d'en laisser sortir les troupes qui y seront en garnison, pour les exercices seulement, lorsque les circonstances le permettront & qu'ils en auront obtenu une permission particulière de Sa Majesté; bien entendu que lesdites troupes y rentreront aussitôt après les exercices.

4.

Commandans non sujets à ceux des villes.

LES Gouverneurs & autres Commandans particuliers dans les villes, ne pourront prétendre aucun commandement dans les citadelles, forts & châteaux qui en dépendent, s'ils n'en sont en même temps Gouverneurs.

5.

Enverront à l'ordre à la ville.

SERONT néanmoins obligés les Commandans des citadelles, forts, châteaux & réduits, d'envoyer tous les jours un Officier-major, & à son défaut un Sergent, prendre le mot de celui, quel qu'il soit, & de quelque grade qu'il se trouve, qui commandera dans la ville; mais ils pourront le changer immédiatement après que les portes de communication desdites citadelles, forts, châteaux & réduits avec la ville, auront été fermées, quand même le Gouverneur seroit présent à la ville, pourvu toutefois que lesdites citadelles, forts, châteaux & réduits soient séparés du lieu où sera le Gouverneur, par un fossé ou pont-levis.

6.

Étrangers n'y habiteront.

LES Commandans des citadelles, forts, châteaux & réduits, ne souffriront point qu'aucun étranger y réside sans la permission du Roi ou du Commandant en chef du département ou de la province.

7.

Visite de ce qui y entre.

ILS n'y laisseront entrer aucuns ballots, coffres ni

caisses fermées, à qui que ce soit qu'ils appartiennent, sans les avoir fait ouvrir & visiter.

8.

Portes de secours.

ILS ne feront jamais ouvrir les portes de secours, qu'en leur présence & dans des cas pressans, dont ils rendront compte à l'Officier général dans le district desquels seront lesdites citadelles, forts, châteaux ou réduits, & au Commandant en chef du département ou de la province.

9.

Ouverture & fermeture des portes.

A l'égard des portes de communication avec les villes, elles seront fermées au soleil couchant, & ne seront ouvertes le matin qu'après le soleil levé.

10.

Officiers qui doivent y rester.

VEUT Sa Majesté qu'il reste toujours dans les citadelles, forts ou châteaux, un tiers des Officiers de la garnison, qui ne feront point de garde; & à cet effet l'état de ceux qui devront rester chaque jour, sera dressé tous les jours par les Commandans des corps, lesquels le remettront aux Commandans des citadelles, forts & châteaux, & aucun de ceux qui seront compris sur cet état, ne pourra sortir sans être puni par la prison pendant quinze jours la première fois; & en cas de récidive, ledit Officier demeurera en prison jusqu'à nouvel ordre, & qu'il en soit rendu compte à Sa Majesté.

11.

Prisonniers.

ON ne pourra recevoir ni retenir en prison dans une citadelle, fort ou château, aucun Officier d'une autre garnison, ni particulier quel qu'il soit, sans un ordre exprès de Sa Majesté ou du Commandant en chef du département ou de la province, lequel ne donnera lesdits ordres que dans des cas urgens dont il informera sur le champ le Secrétaire d'État ayant le département de la guerre, qui adressera aux Commandans desdits citadelles, forts & châteaux, les ordres que Sa Majesté jugera à propos de donner.

Titre XXV.

11.

Même service que dans les places.

Le service se fera d'ailleurs dans les citadelles, forts & châteaux comme il est prescrit pour toutes les places de guerre.

TITRE XXVI.

De la conservation des fortifications & bâtimens civils, à l'usage des Troupes, dans les Places.

ARTICLE PREMIER.

Les Officiers des États-majors des places, veilleront à l'exécution des Ordonnances concernant la conservation des fortifications, & à ce qu'il ne soit bâti aucunes maisons & clôture de maçonnerie dans les fauxbourgs & aux avenues des places plus près de deux cents cinquante toises de la palissade du chemin couvert; défendant Sa Majesté à toutes personnes, de quelque qualité & condition qu'elles soient, de contrevenir à ses intentions à cet égard, sous peine de désobéissance & de souffrir la démolition & le rasement desdites maisons ou jardins, sans en espérer aucun dédommagement.

2.

Ils tiendront pareillement la main à ce qu'il ne soit fait aucun chemin, levée, ni chaussée ni creusé aucun fossé à cinq cents toises près de leur place, sans que l'alignement en ait été auparavant concerté avec l'Ingénieur en chef de ladite place.

3.

Visite avec les Ingénieurs.

Les Officiers de l'État-major de la place, feront une fois le mois avec l'Ingénieur en chef, la visite des bâtimens à l'usage des Troupes, des corps-de-garde, guérites & palissades.

4

4.

Clefs des magasins d'artillerie.

IL sera posé trois serrures à chaque porte des magasins à poudre avec différentes clefs, dont l'une sera gardée par le Gouverneur ou Commandant de la place, une autre par l'Officier principal d'Artillerie, & la troisième par le Garde-magasin, en sorte qu'aucun d'eux ne puisse y entrer sans la participation des deux autres; & dans les places où il n'y aura point d'Officier d'Artillerie, il n'y aura audit magasin que deux serrures.

5.

Jardins.

LES jardins & arbres fruitiers qui se trouveront dans l'enceinte des magasins à poudre, seront totalement détruits, & on ne souffrira point qu'il y soit planté ni arbres, ni légumes, ni qu'il y entre aucune personne que celles qui y sont nécessaires pour le service des magasins.

6.

IL n'y aura pareillement aucuns jardins ni arbres fruitiers dans les ouvrages extérieurs des places.

7.

Bestiaux pâturant sur les ouvrages.

ON empêchera également qu'aucuns bestiaux ne pâturent sur les remparts, dans les fossés, demi-lunes & autres ouvrages, ni sur les glacis; voulant Sa Majesté que ceux qui y seront saisis par les Soldats, Cavaliers ou Dragons de garde, soient confisqués à leur profit, & que qui que ce soit ne puisse les obliger à restituer lesdits bestiaux ni leur valeur, Sa Majesté leur en faisant don.

8.

On ne pourra y labourer ni semer.

DÉFEND Sa Majesté aux Officiers-majors des places, de faire labourer ni semer sur les remparts, bastions & autres ouvrages, fossés & glacis desdites places; leur permettant seulement d'en faire couper l'herbe deux fois l'an, en prenant les précautions nécessaires pour ne causer aucun dommage.

9.

LES troupes de Cavalerie ou de Dragons, & autres

Troupes, se conformeront à tout ce qui est prescrit pour l'Infanterie par le présent Titre.

TITRE XXVII.

Des émolumens des États-majors des places.

ARTICLE PREMIER.

Masse commune des émolumens.

DU produit de tous les émolumens que Sa Majesté veut bien accorder aux Officiers des États-majors de ses places, il sera fait une seule & unique Masse, laquelle sera partagée entre lesdits Officiers-majors, de manière que le Gouverneur ait le double du Lieutenant de Roi, le Lieutenant de Roi le double du Major, le Major le double d'un Aide-major, & l'Aide-major le double d'un Sous-aide-major.

2.

CES émolumens consisteront 1.° dans le produit des herbes des remparts du corps de la place, des bastions & autres ouvrages qui y sont attachés, des fossés qui les environnent, des demi-lunes, ravelins, contre-gardes, & tous autres ouvrages détachés du corps de la place, de leurs fossés & des chemins couverts, de celles des glacis & des avant-fossés lorsqu'il y aura des doubles glacis; 2.° dans le produit de la pêche dans les fossés remplis d'eau; 3.° dans le produit des cantines; 4.° dans le produit des latrines après la dépense faite pour les vider & enlever les immondices; 5.° dans le produit des émolumens des emplois vacans.

3.

QUANT au produit des fumiers des chevaux des Cavaliers & Dragons, étant établis dans les casernes, qui appartenoient ci-devant aux Majors des places, il sera réuni à l'avenir à la Masse de la retenue des seize deniers pour linge & chaussure du Cavalier & du Dragon; bien entendu que les fourches & pelles néceſſaires pour nettoyer les écuries ſeront priſes ſur ladite Maſſe.

4.

Il en ſera uſé de même à l'égard des fumiers des Gendarmes, des Huſſards & des Troupes légères.

5.

Le logement & les autres émolumens qui ſont perſonnels aux Officiers employés, ne pourront être prétendus pendant la vacance des emplois, & demeureront éteints & ſupprimés tant que Sa Majeſté ne nommera pas auxdits emplois.

6.

Les Officiers des États-majors des places, ne pourront recevoir aucune rétribution des troupes de la garniſon, ſous prétexte de fauteuils, chevaux de ronde, Écrivains, droits de ſortie de priſon, abonnement de café, & ſous tel autre titre que ce puiſſe être; Ordonne Sa Majeſté à tous les Officiers généraux employés en chef ou autrement, de veiller & de tenir la main à ce qu'il ne paſſe aucun abus à cet égard.

7.

Si malgré une défenſe auſſi abſolue de la part de Sa Majeſté, il ſe paſſoit dans une place quelques abus à cet égard, le Commiſſaire des guerres chargé de la police des troupes de cette garniſon, ſera tenu d'en informer ſur le champ le Secrétaire d'État ayant le département de la guerre, afin qu'il puiſſe en rendre compte à Sa Majeſté, & recevoir ſes ordres pour faire punir les Officiers de l'État-major des places qui auront commis ces abus, & les Officiers généraux qui les auront tolérés.

8.

Droits ſur le bois, boiſſons & boucheries.

Lesdits Officiers des États-majors des places, ne pourront lever ni exiger aucune choſe quelconque, ſoit en nature ou argent, ſur les bois, vin, bière & autres denrées qui ſe conſomment dans les villes & places, & qui y entrent ou en ſortent, ni obliger les Bouchers à leur donner les langues des bœufs, moutons & autres bestiaux qu'ils tuent, s'ils ne sont autorisés à percevoir ces droits par des arrêts du Conseil ou autres décisions particulières de Sa Majesté.

TITRE XXVIII.

De l'exécution de la présente Instruction.

ARTICLE PREMIER.

Gendarmerie. LA Gendarmerie étant dans une place de guerre, y sera le service comme la Cavalerie légère, montera la garde à cheval & fournira des détachemens pour les escortes pour aller à la guerre, pour faire la découverte & pour les patrouilles.

2.

ELLE sera aussi le service à pied quand le bien du service & la sûreté de la place l'exigeront, de même qu'il est prescrit à la Cavalerie légère; il y aura néanmoins cette différence que les Gendarmes, soit à pied, soit à cheval, ne monteront point la parade sur la place avec la garde de la garnison, mais qu'ils s'assembleront à leurs quartiers, d'où ils défileront aux postes fixes qui leur seront destinés, sans être sujets à d'autres inspections que celles des Officiers-majors du corps, & sans que leurs escouades puissent être mêlées avec celles des autres troupes, ni que leurs détachemens escadronnent avec d'autres.

3.

LE Major, un Aide-major ou Sous-aide-major de la Gendarmerie, prendra directement l'ordre & le détail du service du Commandant supérieur de la place, & le rendra au cercle particulier de ce corps, qui sera formé par les Brigadiers & Sous-brigadiers des compagnies, & non par les Maréchaux-des-logis.

4.

LA Gendarmerie ne fournira des Sentinelles qu'aux prisons

prisons, aux magasins, aux arsenaux & au Trésorier; les Officiers généraux ou Commandans des places n'en pouvant point exiger d'honoraires de ce corps.

5.

Les Gendarmes n'assisteront point aux exécutions, ni en corps, ni par détachement.

6.

Entend Sa Majesté que, sous prétexte de ces distinctions ou telle autre que ce soit, les Gendarmes ne puissent se dispenser de reconnoître les Officiers, soit d'Infanterie, de Cavalerie légère ou de Dragons, des autres troupes de la garnison, & de leur obéir & entendre en tout ce qui leur sera ordonné pour le service de Sa Majesté.

7.

Dragons.

Les Dragons & les Troupes légères se conformeront pour le service qu'ils auront à faire dans les places ou quartiers, si c'est à cheval, à tout ce qui est ordonné pour la Cavalerie, & si c'est à pied, à ce qui est ordonné pour l'Infanterie.

8.

Les escouades de Dragons qui feront le service à pied, se placeront à la gauche de l'Infanterie avec leurs Officiers, sans être mêlées avec l'Infanterie; & il leur sera donné, autant qu'il sera possible, des postes séparés qu'ils tireront entr'eux.

9.

Les Dragons à cheval prendront pareillement la gauche des Cavaliers avec lesquels ils feront commandés.

10.

Enjoint Sa Majesté au Commandant en chef d'un département ou d'une province, aux Officiers généraux employés sous eux, & aux Gouverneurs ou Commandans des places & des quartiers, d'apporter la plus grande attention à ce que tous les articles de cette Instruction soient exécutés, sans aucune omission, ni variation telle qu'elle puisse être: Voulant Sa Majesté que dans les cas qui leur paroîtront mériter quelqu'exception, ils en écrivent au Secrétaire d'Etat ayant le département de la guerre, & que cependant ils ne puissent se dispenser, sous aucun prétexte, de se conformer à ce qui est prescrit, jusqu'à ce que Sa Majesté leur ait fait savoir ce qu'Elle aura décidé.

II.

Veut pareillement Sa Majesté que les Majors des places & des quartiers, veillent de leur côté à ce que la présente Instruction soit suivie en tout point; & en cas de contravention, après avoit fait au Commandant supérieur de la place ou du quartier, les représentations convenables, ils en rendent compte au Secrétaire d'État ayant le département de la guerre, & au Commandant en chef du département ou de la province; au défaut de quoi ils demeureront responsables desdites contraventions, de même que s'ils en étoient les auteurs & qu'ils les eussent ordonnées eux-mêmes. Fait à Versailles le premier mai mil sept cent soixante-cinq. *Signé* LOUIS. *Et plus bas*, Le Duc de Choiseul.

www.ingramcontent.com/pod-product-compliance
Ingram Content Group UK Ltd.
Pitfield, Milton Keynes, MK11 3LW, UK
UKHW022059260726
13993UKWH00001B/217

9 782329 251066